Mozart · Die Bäsle-Briefe

Wolfgang Amadeus Mozart

Die Bäsle-Briefe

Herausgegeben von
Juliane Vogel

Philipp Reclam jun. Stuttgart

RECLAMS UNIVERSAL-BIBLIOTHEK Nr. 8925

Umschlagabbildung:
Maria Anna Thekla Mozart, das ›Bäsle‹. Bleistiftzeichnung (1777/78)
Gesamtherstellung: Reclam, Ditzingen. Printed in Germany 2006
RECLAM, UNIVERSAL-BIBLIOTHEK und
RECLAMS UNIVERSAL-BIBLIOTHEK sind eingetragene Marken
der Philipp Reclam jun. GmbH & Co., Stuttgart
ISBN-13: 978-3-15-008925-5
ISBN-10: 3-15-008925-5

www.reclam.de

Stefan Kunze

Mozarts Opern

687 Seiten. Mit 38 Abbildungen und
175 Notenbeispielen. Format 15,0 × 21,5 cm

»In diesem Buch, das sich an den Kenner und an den Liebhaber der Mozartschen Musik wendet, wird der Versuch unternommen, die Opern als Theater durch Musik zu begreifen.«

Stefan Kunze

»Mozarts Opern gehören – neben Wagners Musikdramen – zu den wenigen Gegenständen, bei denen ein Buch hohen Anspruchs die Chance hat, von einem Publikum gelesen zu werden, das nicht nur die Werke kennt, sondern auch bereit ist, anhaltend über sie nachzudenken. Und das Lesepublikum unter den Operngängern wird rasch entdecken, daß Kunzes Buch ein Glücksfall ist.«

Carl Dahlhaus
in der »Frankfurter Allgemeinen Zeitung«

»Die Systematik der Behandlung sämtlicher Bühnenwerke hat Kunze nicht dazu verleitet, über die relative Emanzipiertheit der Einzelwerke von den Gattungen und über die absoluten Qualitätsfragen Zweifel zu lassen. Indem er Entstehungs- und Aufführungsumstände, dramatische Charaktere und stoffgeschichtliche Zusammenhänge nicht ausschließt, aber auf ihren Platz hinter der Bedeutung von Mozarts Partituren verweist, besitzt er die soliden Grundlagen für den Verdiensten der Kompositionen angemessene Würdigungen.«

Andreas Briner
in der »Neuen Zürcher Zeitung«

Mozart bei Reclam

Stefan Kunze: *Mozarts Opern.* 687 Seiten. Mit 38 Abbildungen und 175 Notenbeispielen

Wolfgang Amadeus Mozart: *Die Bäsle-Briefe.* Hrsg. von Juliane Vogel. 74 S. UB 8925

Wolfgang Amadeus Mozart: *Briefe.* Ausgewählt und herausgegeben von Stefan Kunze. 448 S. Mit 22 Abbildungen. (Geb.)

Wolfgang Amadeus Mozart – Libretti:

Cosi fan tutte. 86 S. UB 5599 – Cosi fan tutte. Ital./dt. 162 S. UB 8685 – Don Giovanni. 93 S. UB 2646 – Don Giovanni. Ital./dt. 187 S. UB 7481 – Die Entführung aus dem Serail. 78 S. UB 18400 – Die Hochzeit des Figaro. 96 S. UB 2655 – Die Hochzeit des Figaro. Ital./dt. 200 S. UB 7453 – Idomeneo. Ital./dt. 112 S. UB 9921 – Titus. Ital./dt. 104 S. UB 9926 – Die Zauberflöte. 90 S. UB 2620

Wolfgang Amadeus Mozart: *Sämtliche Opernlibretti.* Hrsg. von Rudolph Angermüller. 1051 S. (Geb.)

Zuviel Noten, lieber Mozart. Stimmen von Musikern, Dichtern und Liebhabern. Hrsg. von Dietrich Klose. 349 S. Mit 8 Abbildungen. (Geb.)

Reclams Mozart-Opernführer. Von Rolf Fath. 238 Seiten. Mit 12 Abbildungen. UB 18370

Komponirt ist schon alles – aber geschrieben noch nicht. Mozart zum Vergnügen. Hrsg. von Dietrich Klose. 139 S. Mit 10 Abbildungen. UB 18369

Philipp Reclam jun. Stuttgart

Handbücher zur Musik

Reclams *Ballettführer.* (K. Schneider, K. Kieser) 616 Seiten. 32 Farbabbildungen

Reclams *Chormusik- und Oratorienführer.* (W. Oehlmann, A. Wagner) 629 Seiten. 357 Notenbeispiele

Reclams *Jazzlexikon.* Personenlexikon hrsg. von Wolf Kampmann, Sachlexikon von Ekkehard Jost. 688 S. 100 Abbildungen

Reclams *Kammermusikführer.* (A. Werner-Jensen, L. Finscher, W. Ludewig, K. H. Stahmer) 1168 Seiten. 560 Notenbeispiele

Reclams *Klaviermusikführer.* (W. Oehlmann, C. Bernsdorff-Engelbrecht, K. Billing, W. Kaempfer, M. Töpel) Bd. 1: Frühzeit, Barock und Klassik. 815 Seiten. Rd. 700 Notenbeispiele. – Bd. 2: Von Franz Schubert bis zur Gegenwart. 1144 Seiten. 619 Notenbeispiele

Reclams *Konzertführer.* Orchestermusik. (K. Schweizer, A. Werner-Jensen) 1142 Seiten. 366 Notenbeispiele

Reclams *Liedführer.* (W. Oehlmann) 1024 Seiten. 470 Notenbeispiele

Reclams *Musicalführer.* (C. B. Axton, O. Zehnder) 679 Seiten. 31 Abbildungen. 2 Pläne

Reclams *Musikinstrumentenführer.* Die Instrumente und ihre Akustik. (E. Briner) 699 Seiten. Mit Zeichnungen

Reclams *Opern- und Operettenführer.* (R. Fath, A. Würz) 1210 Seiten. 64 Farbabbildungen

Reclams *Orgelmusikführer.* (V. Lukas) 464 Seiten. 635 Notenbeispiele

Philipp Reclam jun. Stuttgart

Monographien zur Musik

Carl Dahlhaus: *Richard Wagners Musikdramen.* 240 Seiten. UB 9490

Robert Donington: *Richard Wagners »Ring des Nibelungen« und seine Symbole. Musik und Mythos.* (J. Schulte) 280 Seiten. Mit rd. 100 Notenbeispielen

Michael Heinemann: *Kleine Geschichte der Musik.* 357 Seiten. Mit 25 Abbildungen. UB 18312

Kurt Johnen: *Allgemeine Musiklehre.* 143 Seiten. Mit zahlreichen Notenbeispielen. UB 7352

Klaus Kropfinger: *Richard Wagner: Oper und Drama.* 548 Seiten. UB 8207

Stefan Kunze: *Mozarts Opern.* 687 Seiten. Mit 175 Notenbeispielen und 38 Abbildungen

Reclams Mozart-Opernführer. Von Rolf Fath. 238 Seiten. Mit 12 Abbildungen. UB 18370

Reclams Kleiner Verdi-Opernführer. Von Rolf Fath. 213 Seiten. Mit 7 Abbildungen. UB 18077

Elisabeth Schmierer: *Kleine Geschichte der Oper.* 292 Seiten. Mit 19 Abbildungen. UB 18154

Jürgen Uhde: *Beethovens Klaviersonaten 16–32.* 632 S. UB 10151

Philipp Reclam jun. Stuttgart

Die Bäsle-Briefe

halten sie es? – – mit mir, nicht wahr? – – das glaub ich! iezt ists noch ärger. appropós.
möchten sie nicht bald wieder zum H: *Gold*-schmid gehen?
– – – – – – – – –
aber was thun dort? – – was? – – nichts! – – um den Spuni Cuni fait fragen halt, sonst weiter nichts. sonst nichts? – – – Nu Nu; schon recht. Es leben alle die, die – die – – die – – – wie heist es weiter? – – iezt wünsch ich eine gute nacht, scheissen sie ins beet daß es kracht; schlafens gesund, reckens den arsch zum mund; ich gehe izt nach schlaraffen, und thue ein wenig schlaffen. Morgen werden wir uns gescheüt sprechen brechen. ich sage ihnen eine sache menge zu haben, sie glauben es nicht gar können; aber hören sie morgen es schon werden. leben sie wohl unterdessen, ach Mein *arsch* brennt mich wie feüer! was muß das nicht bedeüten! – – vielleicht will *dreck* heraus? – ja ja, *dreck, ich* kenne dich, sehe dich, und schmecke dich – – und – – was ist das? – – ists möglich! – – ihr götter! – – Mein *ohr*, betrügst du mich nicht? – – Nein, es ist schon so – – welch langer, trauriger ton! – – heüt den schreiben fünfte ich dieses. gestern habe ich mit der gestrengen fr: Churfürstin gesprochen, und Morgen als den 6:ten werde ich in der grossen galla-accademie spiellen; und dann werde ich extra in Cabinet, wie mir die fürstin-chur selbst gesagt hat, wieder spiellen. Nun was recht gescheütes!
1: es wird ein brief, oder es werden briefe an mich in ihre hände kommen, wo ich sie bitte daß – – was? – – ja, kein fuchs ist kein haaß, ja das – – Nun, wo bin ich den geblieben? – – ja, recht, beym kommen; – – ja ja, sie werden kommen – – ja, wer? – wer wird kommen – – ja, izt fällts

mir ein. briefe, briefe werden kommen – – aber was für briefe? – – je nu, briefe an mich halt, die bitte ich mir gewis zu schicken; ich werde ihnen schon nachricht geben wo ich von Mannheim weiters hin gehe, iezt Numero 2. ich bitte sie, warum nicht? – ich bitte sie, allerliebster fex, warum nicht? – – daß wenn sie ohnedem an die Mad: Tavernier nach München schreiben, ein Compliment von mir an die 2 Mad:[selles] freysinger schreiben, warum nicht? – – Curios! warum nicht? – – und die Jüngere, nämlich die frl: Josepha bitte ich halt recht um verzeyhung, warum nicht? – warum sollte ich sie nicht um verzeyhung bitten? – – Curios! – ich wüste nicht warum nicht? – – ich bitte sie halt recht sehr um verzeyhung, daß ich ihr bishero die versprochene sonata noch nicht geschickt habe, aber ich werde sie, so bald es möglich ist übersenden. warum nicht? – – was – – warum nicht? – – warum soll ich sie nicht schicken? – warum soll ich sie nicht übersenden? – – warum nicht? – – Curios! ich wüste nicht warum nicht? – – Nu, also, diesen gefallen werden sie mir thun; – – warum nicht? – – warum sollen sie mirs nicht thun? – – warum nicht, Curios! ich thue ihnens ja auch, wenn sie wollen, warum nicht? – – warum solle ich es ihnen nicht thun? – – Curios! warum nicht? – – ich wüste nicht warum nicht? – – vergessen sie auch nicht von mir ein Compliment an Papa und Mama von die 2 frl: zu entrichten, denn das ist grob gefehlt, wenn man vatter und Mutter vergessen thut seyn müssen lassen haben. ich werde hernach wenn die Sonata fertig ist, – selbe ihnen zuschikken, und einen brief darzu; und sie werden die güte haben, selben nach München zu schicken. Nun muß ich schliessen, und das thut mich verdriessen. herr vetter, gehen wir geschwind zum hl: kreüz, und schauen wir ob noch wer auf ist? – – wir halten uns nicht auf, nichts als anleiten, sonst nichts. iezt muß ich ihnen eine trauerige geschichte erzehlen, die sich jezt den augenblick erreignet hat. wie ich an besten an dem brief schreibe, so höre ich etwas auf der gasse. ich höre auf zu schreiben – – stehe auf, gehe zum fenster – – und – höre nichts mehr – – ich seze mich wieder, fange abermahl an zu schreiben – – ich schreibe kaum 10 worte so höre ich wieder etwas – – ich stehe wieder auf – – wie ich aufstehe, so höre ich nur noch etwas ganz schwach – – aber ich schmecke so was angebrandtes – – wo ich hingehe, so stinckt es. wenn ich zum fenster hinaus sehe so verliert sich der geruch, sehe ich wieder herein, so nimmt der geruch wieder zu – – endlich sagt Meine Mama zu mir: was wette ich, du hast einen gehen lassen? – – ich glaube nicht Mama. ja ja, es ist gewis so. ich mache die Probe, thue den ersten finger im arsch, und dann zur Nase, und – – Ecce Provatum est; die Mama hatte recht. Nun leben sie recht wohl, ich küsse sie 10000mahl und bin wie allzeit der alte junge Sauschwanz

Wolfgang Amadé Rosenkranz.

von uns zwey Reisenden tausend Complimenten an H: vetter u. fr: baaß.

an alle meine gute freünd heünt
Meinen gruß fus; addio fex hex.
♡333 bis ins grab, wen ichs leben hab.

Miehnnam ned ^{net}5 rebotco [*recte:* rebmevon] 7771.

3 (371)

[Mannheim, den 13. 11. 1777]

iezt schreib ihr einmahl einen gescheiden brief, du kannst dessentwegen doch spass darein schreiben, aber so, dass du alle die briefe richtig erhalten hast; so darf sie sich nicht mehr sorgen, und kümmern.

Ma trés chére Niéce! Cousine! fille!
Mére, Sœur, et Epouse!

Poz Himmel Tausend sakristey, Cruaten schwere noth, teüfel, hexen, truden, kreüz-Battalion und kein End, Poz Element, luft, wasser, erd und feüer, Europa, asia, affrica und America, jesuiter, Augustiner, Benedictiner, Capuciner, minoriten, franziscaner, Dominicaner, Chartheüser, und heil: kreüzer herrn, Canonici Regulares und iregulares, und alle bärnhäüter, spizbuben, hundsfütter, Cujonen und schwänz übereinander, Eseln, büffeln, ochsen, Narrn, dalcken und fuxen! was ist das für eine Manier, 4 soldaten und 3 Bandelier? – – so ein Paquet und kein Portrait? – – ich war schon voll begierde – – ich glaubte gewis – – denn sie schrieben mir ja unlängst selbst, daß ich es gar bald, recht gar bald bekommen werde. Zweifeln sie vielleicht ob ich auch mein wort halten werde? – – das will ich doch nicht hoffen, daß sie daran zweifeln! Nu, ich bitte sie, schicken sie mir es, je ehender, je lieber. es wird wohl hoffentlich so seyn, wie ich es mir ausgebeten habe, nemlich in französischen aufzuge.
wie mir Mannheim gefällt? – – so gut einen ein ort ohne bääsle gefallen kan. Verzeihen sie mir meine schlechte schrift, die feder ist schon alt, ich scheisse schon wircklich bald 22 jahr aus den nemlichen loch, und ist doch noch

nicht verissen! – und hab schon so oft geschissen – – und mit den Zähnen den dreck ab-bissen.
Ich hoffe auch sie werden in gegentheil, wie es auch so ist, meine briefe richtig erhalten haben. nemlich einen von hohenaltheim, und 2 von Mannheim, und dieser; wie es auch so ist, ist der dritte von Mannheim, aber im allen der 4:[te], wie es auch so ist. Nun muß ich schliessen, wie es auch so ist, denn ich bin noch nicht angezogen, und wir essen iezt gleich, damit wir hernach wieder scheissen, wie es auch so ist; haben sie mich noch immer so lieb, wie ich sie, so werden wir niemahlen aufhören uns zu lieben, wenn auch der löwe rings-herum in Mauern schwebt, wenn schon des zweifels harter Sieg nicht wohl bedacht gewesen, und die tirranney der wütterer in abweg ist geschliechen, so frist doch Codrus der weis Philosophus oft roz für haber Muß, und die Römmer, die stüzen meines arsches, sind immer, sind stehts gewesen, und werden immer bleiben – – kastenfrey. Adieu, j'espére que vous aurés deja pris quelque lection dans la langue française, et je ne doute point, que – – *Ecoutés*: que vous saurés bientôt mieux le français, que moi; car il y a certainement deux ans, que je n'ai pas ecrit un môt dans cette langue. adieu cependant. je vous baise vos mains, votre visage, vos genoux et votre – – afin, tout ce que vous me permetés de baiser. je suis de tout mon cœur

votre

trés affectioné Neveu et Cousin
Wolfg: Amadé Mozart

Mannheim le 13 Nomv:
1777.

4 (384)

[Mannheim, den 3. 12. 1777]

Ma très chère Cousine!

Bevor ich Ihnen schreibe, muß ich aufs Häusel gehen – – – ietzt ist's vorbey! ach! – – nun ist mir wieder leichter ums Herz! – jetzt ist mir ein Stein vom Herzen – nun kann ich doch wieder schmausen! – nu, nu, wenn man sich halt ausgeleert hat, ist's noch so gut leben. Ich hätte Dero Schreiben vom 25ten Nov. richtig erhalten, wenn Sie nicht geschrieben hätten daß Sie Kopf-, Hals- und Arm-Schmerzen gehabt hätten, und daß Sie ietzt nun, dermalen, alleweil, den Augenblick keine Schmerzen mehr haben, so habe ich Dero Schreiben vom 26ten Nov: richtig erhalten. Ja, ja, meine allerliebste Jungfer Baas, so geht es auf dieser Welt; einer hat den Beutel, der andere das Geld, mit was halten Sie es? – – mit der ☞, nicht wahr? Hur sa sa, Kupferschmied, halt mir's Mensch, druck mir's nit, halt mir's Mensch, druck mir's nit, leck mich im Arsch, Kupferschmied, ja und das ist wahr, wers glaubt, der wird seelig, und wer's nicht glaubt, der kommt in Himmel; aber schnurgerade und nicht so, wie ich schreibe. Sie sehen also daß ich schreiben kann, wie ich will, schön und wild, grad und krumm. Neulich war ich übels Humors, da schrieb ich schön, gerade und ernsthaft; heute bin ich gut aufgereimt, da schreib ich wild, krumm und lustig; ietzt kommts nur darauf an was Ihnen lieber ist, – – unter den beyden müssen Sie wählen, denn ich hab kein Mittel, schön oder wild, grad oder krumm, ernsthaft oder lustig, die 3 ersten Wörter oder die 3 letzten; ich erwarte Ihren Entschluß im nächsten Brief. Mein Entschluß ist gefaßt; wenn mir noth ist, so gehe ich, doch nach dem die Umstände sind wenn ich das laxiren habe, so lauf ich und wenn ich gar nicht mehr halten kann, so scheiß ich in die Hosen. Behüte dich Gott Fuß, auf dem Fenster liegt d' Hachsen. Ich bin Ihnen Euer liebten Freüllen Baas sehr verbunden für das Compliment von Euer Freüllen Freysinger, welches auszurichten Euer liebten Frl. Juliana so gütig gewesen ist. – Sie schreiben mir, ich wüßte zwar noch viel, aber zu viel ist zu viel; – in einem Briefe gebe ich es zu, daß es zu viel ist, aber nach und nach könnte man viel schreiben; verstehen Sie mich, wegen der Sonata muß man sich noch ein wenig mit Geduld bewaffnen. Wenns fürs Bäsle gehört hätte, so wäre sie schon längst fertig – – und wer weiß ob die Mad^{selle} Freysinger noch daran denkt – – ohngeacht dessen werde ich sie doch so bald möglich machen, einen Brief darzu schreiben und mein liebes Bääsle bitten, alles richtig zu übermachen. A propos seit ich von Augsburg weg bin, habe ich nicht Hosen ausgezogen; – außer des Nachts bevor ich ins Bett gehe. Was werden Sie wohl denken, daß ich noch in Mannheim bin, völlig drinn. Das macht, weil ich noch nicht abgereiset bin, nirgends hin! Doch ietzt glaub ich wird Mannheim bald abreisen. Doch kann Augsburg von Ihnen aus noch immer nach mir schreiben und den Brief an Mannheim addressiren bis auf weitere Nachricht. Der Herr Vetter, Fr: Baas und Jungfr: Baas empfiehlt sich meiner Mamma und mir. Sie waren schon in Aengsten, daß wir etwa krank wären, weil sie so lang keinen Brief von uns bekommen haben. Vorgestern sind sie endlich mit unserm Brief vom 26ten Nov. erfreuet worden und heute als den 3ten Decebr. haben Sie das Vergnügen mir zu antworten. Ich werde Ihnen also das Versprochene halten? – Nu das freut Sie. Vergessen Sie nur auch nicht München

nach der Sonata zu komponiren, denn was man einmal gehalten hat, muß man auch versprechen, man muß allezeit Wort von seinem Mann seyn. – Nun aber gescheut.
Ich muß Ihnen geschwind etwas erzehlen: ich habe heute nicht zu Hause gespeist, sondern bey einem gewissen Mons. Wendling; nun müssen Sie wissen, daß der allzeit um halb 2 Uhr ißt, er ist verheyrathet und hat auch eine Tochter, die aber immer kränklich ist. Seine Frau singt auf der zukünftigen Opera, und Er spielt die Flöte. Nun stellen Sie sich vor, wie es halb 2 Uhr war, setzten wir uns alle, bis auf die Tochter welche im Bette blieb, zu Tisch und aßen.
An alle gute Freund und Freundinnen von uns beyden einen ganzen Arsch voll Empfehlungen. An Dero Eltern steht es Pag. 3 Zeile 12. Nun weiß ich nichts mehr Neues, als daß eine alte Kuh einen neuen Dreck geschißen hat; und hiermit addieu Anna Maria Schlosserin geborne Schlüsselmacherin. Leben Sie halt recht wohl und haben Sie mich immer lieb; schreiben Sie mir bald, denn es ist gar kalt; halten Sie Ihr Versprechen, sonst muß ich mich brechen. addieu, mon Dieu, ich küsse Sie tausendmal und bin knall und fall

Mannheim
ohne Schleim
den 3ten Decembr.
heut ist nicht Quatembr:
1777 zur nächtlichen Zeit
von nun an bis in Ewigkeit
Amen.

Ma très chère Cousine
waren Sie nie zu Berlin?
Der aufrichtige wahre Vetter
bei schönen und wilden Wetter
W. A. Mozart
Sch: scheißen: das ist hart.

5 (432)

[Mannheim, den 28. 2. 1778]

Mademoiselle
ma trés chére Cousine!

sie werden vielleicht glauben oder gar meynen ich sey gestorben! – – ich sey Crepirt? – oder verreckt? – doch nein! meynen sie es nicht, ich bitte sie; denn gemeint und geschissen ist zweyerley! – wie könnte ich denn so schön schreiben wenn ich tod wäre? – wie wäre das wohl möglich? – – – wegen meinem so langen stillschweigen will ich mich gar nicht entschuldigen, denn sie würden mir so nichts glauben; doch, was wahr ist, bleibt wahr! – ich habe so viell zu thun gehabt, daß ich wohl zeit hatte, an das bäsle zu denken, aber nicht zu schreiben, mithin hab ichs müssen lassen bleiben.
Nun aber habe ich die Ehre, sie zu fragen, wie sie sich befinden und sich tragen? – ob sie noch offens leibs sind? – ob sie etwa gar haben den grind? – – ob sie mich noch ein bischen können leiden? – ob sie öfters schreiben mit einer kreiden? – ob sie noch dann und wan an mich gedencken? – ob sie nicht bisweilen lust haben sich aufzuhencken? – ob sie etwa gar bös waren? auf mich armen narrn; ob sie nicht gutwillig wollen fried machen, oder ich lass bei meiner Ehr einen krachen! doch sie lachen – – victoria! – – unsre arsch sollen die friedens-zeichen seyn! – ich dachte wohl, daß sie mir nicht länger wiederstehen könnten. ja ja, ich bin meiner sache gewis, und sollt ich heut noch machen einen schiss, obwohl ich in 14 Tägen geh nach Paris. wenn sie mir also wolln antworten, aus der stadt Augsburg dorten, so schreiben sie mir baldt, damit ich den brief erhalt, sonst wenn ich etwa schon bin

weck, bekomme ich statt einen brief einen dreck. dreck! – – dreck! – o dreck! – o süsses wort! – dreck! – schmeck! – auch schön! – dreck, schmeck! – dreck! – leck – o charmante! – dreck, leck! – das freüet mich! – dreck, schmeck und leck! – schmeck dreck, und leck dreck! – – Nun um auf etwas anders zu kommen; haben sie sich diese fasnacht schon braf lustig gemacht. in augsburg kann man sich dermalen lustiger machen als hier. ich wollte wünschen ich wäre bey ihnen, damit ich mit ihnen recht herumspringen könnte. Meine Mama und ich, wir empfehlen uns beyde dem H: Vatter und frau Mutter, nebst dem bäsl, und hoffen das sie alle 3 recht gesund und wohlauf seyn mögen. wir sind es gott lob und danck. das glaub nicht. desto besser, besser desto. apropós: wie stehts mit der französischen sprache? – darf ich bald einen ganz französischen brief schreiben? – von Paris aus, nicht wahr? – sagen sie mir doch, haben sie den spunicunifait noch? – das glaub ich. Nun muß ich ihnen doch noch bevor ich schliesse, denn ich muß bald endigen, weil ich Eile habe, denn ich habe izt just gar nichts zu thun; und dann auch, weil ich keinen Plaz mehr habe, wie sie sehen; das Papier ist schon bald gar; und müd bin ich auch schon; die finger brennen mich ganz vor lauterschreiben; und endlich auch wüst ich nicht, wenn auch wircklich noch Plaz wäre, was ich noch schreiben sollte, als die historie, die ich ihnen zu erzählen in sinn habe. hören sie also. es ist noch nicht lange, das es sich zugetragen hat; es ist hier im land geschehen. es hat auch hier viell aufsehens gemacht, denn es scheint ohnmöglich; man weis auch, unter uns gesagt, den ausgang von der sache noch nicht. also, kurz zu sagen, es war, etwa 4 stunde von hier, das ort weis ich nicht mehr – – es war halt ein dorf oder so etwas;

Nu, das ist endlich ein ding, ob es tribsterill wo der dreck ins meer rinnt, oder burmesquick wo man die krummen arschlöcher dräht, war; mit einem wort, es war halt ein ort. da war ein hirt oder schäfer, der schon ziemlich alt war, aber doch noch robust und kräftig dabey aus-sah; der war ledig, und gut bemittelt, und lebte recht vergnügt. ja, das muß ich ihnen noch vorher sagen, ehe ich die geschichte auserzähle, er hatte einen erschröcklichen ton, wen er sprach; man muste sich allzeit fürchten, wenn man ihn reden hörte. Nu, um kurz von der sache zu reden, so müssen sie wissen – er hatte auch einen hund den er Bellot nannte, einen sehr schönen grossen hund, weis mit schwarzen flecken. Nu, eines tages, gieng er mit seinen schaafen daher, deren er 11 tausend unter sich hatte; da hatte er einen stock in der hand, mit einem schönen rosenfarben stockband. denn er gieng niemahlen ohne stock. das war schon so ein gebrauch; nun weiter. da er so eine gute stunde gieng, so war er müde, und sezte sich bey einen fluß nieder. Endlich schlief er ein, und da traumte ihm er habe seine schaaf verlohren, und in diesen schrocken erwachte er, und sahe aber zu seiner grösten freüde alle seine schaafe wieder. endlich stund er auf, und gieng wieder weiter, aber nicht lang; denn es wird kaum eine halbe stunde vorbeygegangen seyn, so kamm er zu einer brücke, die sehr lang war, aber auf beyden seiten gut geschützt war, damit man nicht hinab fallen könne; nu, da betrachtete er seine heerde; und weil er dann hinüber muste, so fieng er an seine 11 tausend schaaf hinüber zu treiben.

Nun haben sie nur die gewogenheit, und warten bis die 11 tausend schaaf drüben sind, dann will ich ihnen die ganze histori auserzählen. ich habe ihnen vorher schon

gesagt, daß man den ausgang noch nicht weis. ich hoffe aber, daß, bis ich ihnen schreibe, sie gewis darüber sind; wo nicht, so liegt mir auch nichts daran; wegen meiner hätten sie herüben bleiben können. sie müssen sich schon unterdessen so weit begnügen; was ich davon gewust habe, das hab ich geschrieben. und es ist besser, daß ich aufgehört habe, als wenn ich etwas dazugelogen hätte. da hätten sie mir etwa die ganze schistori nicht geglaubt, aber so – – glauben sie mir doch – die halbe nicht. nun muß ich schliessen, ob es mich schon thut verdriessen, wer anfängt muß auch aufhören, sonst thut man die leute stöhren, an alle meine freünde mein Compliment, und wers nicht glaubt, der soll mich lecken ohne End, von nunan bis in Ewickeit, bis ich einmahl werd wieder gescheid. da hat er gwis zu lecken lang, mir wird dabey schier selbsten bang, ich fürcht der dreck der geht mir aus, und er bekommt nicht gnug zum schmaus. Adieu bääsle. ich bin, ich war, ich wär, ich bin gewesen, ich war gewesen, ich wär gewesen, o wenn ich wäre, o daß ich wäre, wollte gott ich wäre, ich wurde seyn, ich werde seyn, wenn ich seyn würde, o das ich seyn würde, ich wurde gewesen, ich werde gewesen seyn, o wenn ich gewesen wäre, o daß ich gewesen wäre, wolltegott ich wäre gewesen, was? – ein stockfisch.
addieu ma chére Cousine, wohin? – ich bin der nämlich wahre vetter

Mannheim den 28ten *febro* 1778

Wolfgang Amadé Mozart

6 (511)

kaysersheim den 23ten: *dec.*
1778.

Ma trés cher Cousine!

in gröster Eyl – und mit vollkomenster Reüe und leid, und steifen Vorsatz schreibe ich ihnen, und gieb ihnen die Nachricht, daß ich morgen schon nach München abreise; – liebstes bäsle, sey kein häsle – ich wäre sehr gerne nach augsburg das versichere ich sie, allein der H: Reichs-Prälat hat mich nicht weg-gelassen, und ich kann ihn nicht hassen, denn das wäre wieder das gesetz gottes und der Natur, und wers nicht glaubt ist eine h–r; mithin ist es halt einmal so, – vielleicht komme ich von münchen auf einen sprung nach augsburg; allein es ist nicht so sicher; – wenn sie so viell freüd haben mich zu sehen wie ich ihnen, so kommen sie nach München in die werthe stadt – schauen sie daß sie vorm Neüen jahr noch drinn sind, so will ich sie dann betrachten vorn und hind – will sie überall herum führen, auch wenns nothwendig ist kristiren – doch nur eines ist mir leid, daß ich sie nicht kann logiren: weil ich in keinen wirthshaus bin, sondern wohne bey – ja wo? – das möcht ich wissen; – Nun spassssss à part – just dessentwegen ist es für mich sehr nothwendig daß sie kommen – sie werden vielleicht eine grosse Rolle zu spiellen bekommen – also kommen sie gewis, sonst ist ein schys; ich werde alsdan in eigner hoherperson ihnen Complimentiren, ihnen den arsch Petschieren, ihre hände küssen, mit der hintern büchse schiessen, ihnen Embrassiren, sie hinten und vorn kristiren, ihnen, was ich ihnen etwa alles schuldig bin, haarklein bezahlen, und einen wackeren furz lassen erschallen, und vielleicht auch etwas

lassen fallen – Nun
adieu – mein Engel mein herz
ich warte auf sie mit schmerz
schreiben sie mir nur gleich nach München *Poste restante*
ein kleines briefchen von 24 bögen, aber
schreiben sie nicht hinein wo sie logiren werden,
damit ich sie, und sie mich nicht finden; –
P:S: Scheis = dibitari der pfarer zu Rodempl
hat sein köchin im arsch geleckt, ein andern zum Exempl;
Vivat – vivat –

votre sincere Co

W: A

[*Ecke abgerissen.*]

7 (531)

Salzburg, le 24 d'avril 1780

Ma très chère Cousine!

Sie haben meinen letzten Brief so schön beantwortet, daß ich nicht weis wo ich Worte hernehmen soll, ihnen dafür meine Dankbezeugung genug zu bezeugen, und Sie zugleich neuerdings zu versichern, wie sehr ich seye

Dero gehorsamster Diener und
aufrichtiger Vetter
WOLFGANG AMADI MOZART

Ich wollte gerne mehr schreiben, allein der Raum wie Sie sehen
ist
zu   adieu adieu
klein

Nun aber Spaß und Ernst; Sie müssen mir schon für diesmal verzeihen, daß ich ihren allerliebsten Brief nicht so wie er es verdiente, von Wort zu Worte beantworte, und erlauben, daß ich nur das nothwendigste schreiben darf; nächstens werde ich meinen Fehler nach möglichkeit zu verbessern suchen –
Es sind nun 14 Täge, daß ich Mr Böhm geantwortet habe – mir liegt nur daran zu wissen, ob mein Schreiben nicht zu Verlust gegangen, welches mir sehr leid wäre – denn sonst weiß ich nur gar zu gut, daß Mr Böhm alle Täge nur zu sehr occupirt ist – dem sey wie ihm wolle, so bitte ich Sie in jedem Fall mein lieber Knall, Tausend Komplimente zu machen – und ich warte nur auf einen Wink von ihm, so ist die Aria aldort fertig. –

Ich hab gehört, daß Munschhauser seye auch krank; ist das wahr? – das wäre nicht gut für Mr Böhm. – Nun beste werden Sie wohl alle Tage, auch bey Sturm und Hagel, das Theater fleißig besuchen, weil Sie Entrée frey sind? – Neues weis ich ihnen nichts zu schreiben, als daß leider Joseph Hagenauer |: bei welchem sie, meine Schwester und ich im Erker-stübel Choccolate getrunken :| gestorben ist. – ein grosser Verlust für seinen Vatter – sein Bruder Johannes |: der verheurathete :| welcher, weil er sich auf seinen seligen bruder gänzlich verlassen konnte, das Faulenzen so ziemlich gewohnt war, muß nun recht daran, welches ihm ein bischen sauer ankömmt. –
Nun, meine liebste, beste, schönste, artigste, und liebenswürdigste – bald geschrieben! – das bitte ich mir aus, alle Neuigkeit in und aus dem Hause – an alle die Leute, welchen Sie Komplimente geschrieben, wieder doppelt, so viele – Adieu – Nächstens einen ganzen Bogen; doch – vorher von ihnen, mein Schatz, ein ganzes Buch voll – adieu Von meinem Vatter Papa und meiner Schwester zizibe, alles erdenkliche – an dero Aeltern von uns 3^{en}, 2 Buben und ein Madl, 12345678987654321 Empfehlungen, und an alle gute freunde von mir allein 624, von meinem Vatter 100 und von Schwester 150 zusammen 1774 und summa summarum

12345678987656095 Complimente.

8 (525)

[Salzburg, den 10. 5. 1780]

De Salsbourg / a Mademoiselle / Mademoiselle Marie / Anne de Mozart ph: [*oder:* ps:] / a / *Augsbourg / In Schwaben. / Abzugeben in der / Jesuiten Gassen / Par Munic*

liebstes, bestes,
schönstes, liebenswürdigstes,
reizendstes,
von einem unwürdigen Vetter
in Harnisch gebrachtes
bässchen.
oder
Violoncellchen! –

Salsbourg den 10ten May
1709ni
blass mir hint' aini.
–:–
gut ists
wohl bekomms.

Ob ich Joannes Chrisostomus Sigismundus Amadeus Wolfgangus Mozartus wohl im stande seyn werde, den ihre reizende schönheit |: visibilia und invisibilia :| gewis um einen guten Pantofel-absatz erhöhenden Zorn zu stillen, mildern, oder zu besänftigen, ist eine frage die ich aber auch beantworten will: – besänftigen will so viel sagen, als Jemand in einer sänfte sanft tragen – ich bin von natur aus sehr sanft, und einen senf esse ich auch gern, besonders zu dem Rindfleisch – mithin ist es schon richtig mit leipzig: obwohl der M:^{r} feigelrapèe durchaus behaupten oder vielmehr beköpfen will, daß aus der Pastette nichts werden soll – und das kann ich Ja ohnmöglich glauben – es wäre auch nicht der mühe werth daß man sich darum bückte – Ja wenn es ein beutel voll Conventions-kreutzer wäre – da könte man so was endlich aufklauben, heben, oder langen. – drum, wie ich gesagt habe, ich könnt es nicht anders geben, das ist der Nächste Preis – handeln lass ich nicht, weil ich kein Weibsbild bin; und hiemit Holla! Ja mein liebes violoncellchen! so geht und steht es auf der Welt, einer hat den beutel, und der andere hat das geld, und wer beydes nicht hat, hat nichts, und nichts ist so viel als sehr wenig, und wenig ist nicht viel, folglich ist nichts immer weniger als wenig, und wenig immer mehr als nicht viel, und viel immer mehr als wenig, und – so ist es, so war es, und so wird es seyn. mach ein End dem brief, schliess ihn zu, und schick ihn fort an ort und End – *feigele*:

dero gehorsamster unterthänigster diener
mein arsch ist kein Wiener

Latus hinüber V: S:

P: S: Ist die Böhmische trup schon weck – sagen sie mirs, meine Beste, ich bitte sie um Himmelswillen! ach! –|– – Sie wird nun in ulm seyn, nicht wahr? O, überzeugen sie mich dessen, ich beschwöre sie bey allem was heilig ist – die götter wissen es, daß ich es aufrichtig meine
lebt's thüremichele noch? –
blass mir ins loch.
Wie hat sich Vogt mit seiner frau vertragen? –
haben sie sich einander nicht schon gekriegt beym kragen?

lauter fragen.

Eine Zärtliche Ode! –

Dein süsses Bild, O Bäschen,
schwebt stets um meinen Blick
allein in trüben Zähren
daß du – – es selbst nicht bist.
Ich sehe es wenn [d]er abend

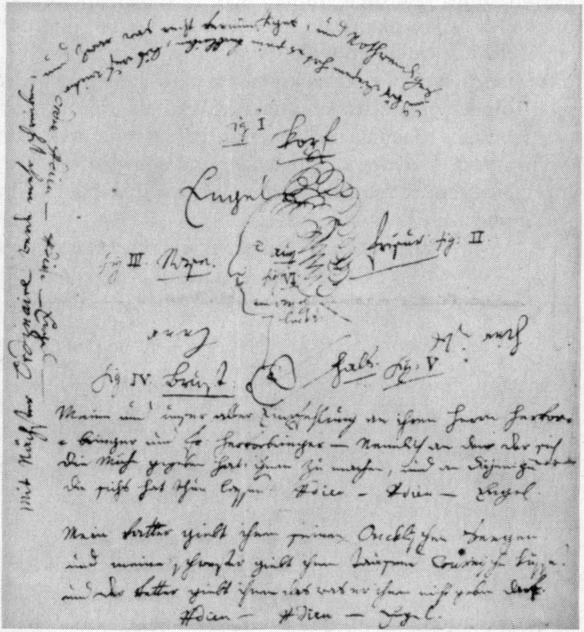
fig. I Kopf
Engel
fig. II
fig. III
fig. IV
Hals fig. V
Adieu — Adieu — Engel

mir dämmert, wen der Mond
mir glänzt, seh ichs und – weine
daß du – – es selbst nicht bist.
Bey Jenen Thales Blumen
die ich ihr leesen will,
bey Jenen Myrtenzweigen
die ich ihr flechten will
beschwör ich dich Erscheinung
auf, und verwandle dich
Verwandle dich, Erscheinung S: V:
und werd – O Bääs'chen selbst. P: T:
finis coronat opus, Edler v: *Sauschwanz*.

[*Es folgt Mozarts Bäsle-Zeichnung, s. S. 27.*]

Meine und unser aller Empfehlung an ihren herrn hervorbringer und fr: hervorbringer – Nemlich an den der sich die Mühe gegeben hat, ihnen zu machen, und an diejenige die sichs hat thun lassen. Adieu – Adieu – Engel. Mein Vatter giebt ihnen seinen Oncklischen Seegen. und meine schwester giebt ihnen tausend Cousinische küsse. und der Vetter giebt ihnen das was er ihnen nicht geben darf.

Adieu – Adieu – Engel.

Mit Nächster Ordinaire werde mehr schreiben und zwar was recht Vernünftiges, und Nothwendiges und bey diesem hat es sein verbleiben, bis auf weiter ordre. Adieu – Adieu – Engel –

[*Auf dem Umschlag:*]
Adieu – Adieu – *Engel*

9 (635)

[Wien, den 23. 10. 1781]

à / Mademoiselle / Mademoiselle Marieanne / Mozart / à / Augsburg / in der Jesuitengasse

Ma très chère Cousine!

Ich war schon die ganze Zeit her auf einem Brief von ihnen, liebste Baase, begierig; – wie der ausfallen wird! – und wie ich mir ihn eingebildet, so war er auch. – Denn nachdemme ich einmal 3 Monathe vorbeygehen lassen, so hätte ich nicht mehr geschrieben – und wenn der scharfrichter mit blossem schwerdt hinter mir gewesen wäre; – denn ich hätte Ja nicht gewust: wie, wann, wo, warum, und was? – ich musste nothwendigerweise auf einen brief warten. –
Es sind unterdessen, wie sie wohl wissen werden, vielle wichtige sachen mit mir vorgegangen, wobey ich nicht wenig zu denken, und vielle verdrüsslichkeiten, ärgernüss, kummer und Sorge hatte, welches mir auch in der that zu einer entschuldigung meines langen Stillschweigenswegen dienen kann; – was sonst das übrige alles anbelangt, so muß ich ihnen sagen daß das geschwätze was die Leute von mir herumlaufen zu lassen beliebten, zum theil wahr, und zum theil – falsch ist; – mehr kann ich zur Zeit nicht sagen; nur noch zu ihrer beruhigung, daß ich nichts – ohne ursache – und zwar – ohne gegründete ursache thue. – wenn sie mehr Freundschaft und Vertrauen zu mir gezeigt hätten, und sich gerade an mich |: und nicht an andere – und zwar! – :|doch stille! – wenn sie sich gerade an mich gewendet hätten, so wüssten sie gewis mehr, als alle Leute – und wenn es möglich wäre,

mehr als – ich selbst! – Doch – Nun daß ich nicht vergesse – haben sie doch die güte, liebste, beste baase, und überbringen sie sogleich selbst das beyliegende schreiben dem H: Stein; – und bitten sie ihm, er möchte mir doch gleich darauf antworten –, oder wenigstens ihnen sagen, was sie mir darüber schreiben sollen; – denn ich hoffe, daß unsere Correspondence liebes bääsle, nun erst recht angehen soll! – wenn ihnen nur die briefe nicht so theuer zu stehen kömmen! – wenn sie mich, wie ich hoffe, mit einer antwort beehren wollen, so haben sie nur die gewogenheit den Brief wie lezthin – nemlich *auf dem Peter, im auge Gottes, im 2:ten Stock* zu adreßiren; ich wohne zwar nicht mehr dort, allein auf der Post ist die adreße schon so bekannt, daß wenn ein brief gerade an meine logis gewiesen ist, ich selben einem tag oder ein paar täge später erhalte. – Nun leben sie wohl, liebste, beste baase! und erhalten sie mich in ihrer mir so schätzbaren Freundschaft; der meinigen sind sie ganz versichert; ich bleibe Ewig

Ma trés chere Cousine
ihr aufrichtiger Vetter ud Frd
Wolfgang Amadè Mozart

P: S: Meine Empfehlung / an dero H. Vatter
und / Fr: Mutter, wie auch / frl. Juliane.

Die Madme Weber Empfehlt sich Ihnen sammt ihren 3 Töchtern, und bittet Sie um eine gefälligkeit. – Herr Bartholomei, Buchhändler |: den Sie ohne Zweifel kennen werden :|, hat das Portrait der Aloise dermaligen Lange begehrt um es stechen zu lassen; nun wird es schon auf künftigen März 2 Jahre, daß weder von dem Portrait noch davoriger Bezahlung eine Meldung geschieht; – und den vergangenen März war es schon wieder zurückversprochen. – Die Mad^{me} Weber ersucht Sie also sich ein wenig darum zu erkundigen, indem sie gern wissen möchte, wie sie dran ist. – *NB.* es ist das nemlich Portrait, welches in München der Baron Götz gehabt hat. – ich glaube sie haben es auch gesehen. – also sehr schlecht von ihm, daß er es ohne etwas davon zu wissen zu machen, in fremde Hände giebt. – Adieu ma chère, schreiben Sie mir bald. –

Vienne le 23 d'octobre 1781

Zu dieser Ausgabe

Die Textgrundlage bildete:

Mozart. Briefe und Aufzeichnungen. Gesamtausgabe. Hrsg. von der Internationalen Stiftung Mozarteum Salzburg. Ges. und erl. von Wilhelm A. Bauer und Otto Erich Deutsch. 7 Bde. Kassel [u. a.]: Bärenreiter, 1962–75. [Zit. als: Bauer/Deutsch.]

Für die Anmerkungen wurden die vorgenannte Edition sowie die folgenden Ausgaben herangezogen:

Mozarts Bäsle-Briefe. Hrsg. und komm. von Joseph Heinz Eibl und Walter Senn. Mit einem Vorw. von Wolfgang Hildesheimer. München/Kassel: Deutscher Taschenbuch Verlag / Bärenreiter, 1978. 4. Aufl. 1991. [Zit. als: Eibl/Senn.]

. . . und der nähmliche Narr bleibe ich. Wolfgang Amadeus schreibt an Maria Anna Thekla Mozart. Mit Bildern von Michael Mathias Prechtl und einem Essay von Hanns Josef Ortheil. Hrsg. von Reinhard Ermen. München: C. H. Beck, 1990.

Die Briefnummern in Klammer beziehen sich auf die Zählung der Gesamtausgabe.

2 (364)

[Mannheim, den 5. 11. 1777]

Allerliebstes bäsle häsle!

Ich habe dero mir so werthes schreiben richtig erhalten falten, und daraus ersehen drehen, daß der H: vetter retter, die fr: baaß has, und sie wie, recht wohl auf sind hind; wir sind auch gott lob und danck recht gesund hund. ich habe heüt den brief schief, von meinem Papa haha, auch richtig in meine klauen bekommen strommen. Ich hoffe sie werden auch meinen brief trief, welchen ich ihnen aus Mannheim geschrieben, erhalten haben schaben. desto besser, besser desto! Nun aber etwas gescheüdes.
mir ist sehr leid, daß der H: Prælat Salat schon wieder vom schlag getrofen worden ist fist. doch hoffe ich, mit der hülfe Gottes spottes, wird es von keinen folgen seyn schwein. sie schreiben mir stier, daß sie ihr verbrechen, welches sie mir vor meiner abreise von ogspurg voran haben, halten werden, und das bald kalt; Nu, daß wird mich gewiß reüen. sie schreiben noch ferners, ja, sie lassen sich heraus, sie geben sich blos, sie lassen sich verlaudeüten, sie machen mir zu wissen, sie erklären sich, sie deüten mir an, sie benachrichtigen mir, sie machen mir kund, sie geben deütlich am tage, sie verlangen, sie begehren, sie wünschen, sie wollen, sie mögen, sie befehlen, daß ich ihnen auch mein Portrait schicken soll schroll. Eh bien, ich werde es ihnen gewis schicken schlicken. Oui, par ma la foi, ich scheiss dir auf d' nasen, so, rinds dir auf d'koi. appropós. haben sie den spuni cuni fait auch? – – – was? – – ob sie mich noch immer lieb haben – – das glaub ich! desto besser, besser desto! Ja, so geht es auf dieser welt, der eine hat den beutel, der andere hat das geld; mit wem

1 (361)

[Mannheim, den 31. 10. 1777]

Das ist curiös! ich soll etwas gescheutes schreiben und mir fällt nichts gescheides ein. Vergessen Sie nicht den Herrn Dechant zu ermahnen, damit er mir die Musicalien bald schickt. Vergessen Sie Ihr Versprechen nicht; ich vergesse gewiß auch nicht. Wie haben Sie doch zweifeln können, mit nächstem werde ich Ihnen einen gantz französischen Brief schreiben, und den können Sie sich alsdenn von Herrn Forstmeister verdeutschen lassen; ich hoffe Sie werden schon zu lernen angefangen haben? ietzt ist der Platz zu klein noch mehr gescheides herzubringen, und immer was gescheides macht Kopfweh; es ist ja ohnehin mein Brief voll gescheider und gelehrter Sachen, wenn Sie ihn schon gelesen haben, so werden Sie es gestehen müssen und haben Sie ihn noch nicht gelesen, so bitte ich Sie lesen Sie ihn bald, Sie werden viel Nutzen daraus ziehen, Sie werden bei einigen Zeilen bittere Zähren vergießen.

Anmerkungen

Brief vom 31. 10. 1777

den Herrn Dechant: Pater Ludwig Zöschinger, ab 1751 Organist und Stiftsdechant des Augsburger Chorherrenstifts Heilig Kreuz, auch Komponist.

die Musicalien: »die messe ex f und die erste aus den kurzen Messen in C und das offertorium in Contrapunkt in D minor« (vgl. Brief Mozarts an den Vater vom 20. 11. 1777). Es dürfte sich bei den »Musicalien« um KV 192, 220 und 222 handeln, deren Originalmanuskripte Mozart dem Kloster Heilig Kreuz geliehen hatte.

Forstmeister: recte Postmeister oder Postverwalter, der nach der brieflichen Auskunft Leopold Mozarts mit dem Bäsle, d. h. mit »meines bruders Tochter sehr wohl bekannt ist« (Brief des Vaters an Mozart vom 15. 10. 1777).

Brief vom 5. 11. 1777

H: Prælat: Bartholomäus Christa, ab 1760 Prälat des Augsburger Chorherrenstifts Heilig Kreuz.

Ja, so geht es auf dieser welt, der eine hat den beutel, der andere hat das geld: Abwandlung der bekannten sprichwörtlichen Redensart: »Das ist das Leiden an der Welt, der eine hat den Beutel, der andere das Geld.« Die Redensart taucht allerdings auch in einem Quodlibet von Valentin Rathgeber (1733) im musikalischen Kontext auf (vgl. Eibl/Senn, S. 42).

H: Gold-schmid: nicht ermittelt.

iezt wünsch ich eine gute nacht, scheissen sie ins beet daß es kracht; schlafens gesund, reckens den arsch zum mund: in der Familie Mozart gebräuchliche Redensart, die in den Originaltext des Kanons KV 561 eingehen wird: »bona nox / bist a rechta Ox / bona notte / liebe Lotte / bonne nuit / pfui, pfui, good night, good night / heut müßma noch weit / gute

Nacht, gute Nacht, scheiß ins Bett, daß kracht; schlaf fei g'sund und reck den Arsch zum Mund.« Zu fäkalkomischen Umgangsformen des Salzburger Bürgertums vgl. Eibl/Senn.

der gestrengen fr: Churfürstin: Kurfürstin Maria Elisabeth Auguste (1721–94), Gemahlin Karl Theodors, des Kurfürsten von der Pfalz und Bayern (1724–99), an dessen Hof Mozart 1777 in Mannheim gastierte.

Mad: Tavernier: Ehepaar Tavernier in München.

die 2 Mad:selles freysinger: Juliana und Josepha Freysinger, Töchter des Hofrats Franziskus Erasmus Freysinger, eines Freundes von Leopold Mozart, der mit ihm zu St. Salvator in Augsburg zur Schule gegangen war.

die versprochene sonata: eventuell KV 311.

♡333: Beispiel der im süddeutschen Raum gebräuchlichen literalen Zahlenspiele. Die Ziffern müssen als Worte betrachtet und ausgesprochen werden: treutreutreu.

Brief vom 13. 11. 1777

Bandelier: breiter Leibgurt, an dem im 15./16. Jahrhundert Pulvertasche, Lunte und Schießkraut, später dann Patronen getragen wurden.

Codrus: (1) letzter König Athens, der »freiwillig aus selbst angefangenem Zank sein Leben für das Vaterland verloren« (Figur der barocken und nachbarocken Dramatik), (2) sprichwörtlicher Eigenname für einen »blut-armen Menschen« (vgl. Adam Friedrich Kirsch, *Cornucopiae linguae latinae et germanicae*, Regensburg 1759).

Brief vom 3. 12. 1777

Hur sa sa, Kupferschmied, halt mir's Mensch, druck mir's nit, halt mir's Mensch, druck mir's nit, leck mich im Arsch, Kupferschmied: vgl. Mozarts Eintragung in Nannerls Tagebuch vom 7. 9. 1780: »*Hup* [!] sasa kupferschmidt / hab mirs Mensch, druck mirs nit / hab mirs Mensch, druck mirs nit / lek mi' am Arsch, Kupferschmidt.« Unter dem Titel »Kupferschmied« sind auch Tanzreime nachgewiesen.

Mons. Wendling: Der Flötist Johann Baptist Wendling gehörte seit 1751 dem Hoforchester des Kurfürsten Karl Theodor an. In seinem Mannheimer Hause fand Mozart freundliche Aufnahme.

Seine Frau singt auf der zukünftigen Opera: Dorothea Wendling, war an der Aufführung von Anton Schweizers *Rosemunde* beteiligt. Schweizer hatte ebenfalls das erste deutsche Singspiel, Wielands *Alkeste* (1773), vertont.

Quatembr: Mozart spielt hier auf einen Sonderbrauch der römisch-katholischen Liturgie an: Die vier Jahreszeiten werden im Kirchenjahr durch vier Quatemberfeiern eingeleitet. Diese wiederum werden an jeweils drei Fasttagen – dem Mittwoch, Freitag und Samstag der sogenannten Quatemberwochen – abgehalten. Dabei fallen die Winterquatember in die dritte Adventswoche, also nicht auf den 3. Dezember, auf den der Brief datiert ist.

von nun an bis in Ewigkeit: parodistische Übernahme des 113. Psalms: »Et nunc et usque in aeternum.«

Brief vom 28. 2. 1778

in augsburg kann man sich dermalen lustiger machen als hier: In Mannheim war Hoftrauer zum Tode des Kurfürsten Maximilian III. Joseph angeordnet.

die historie: Erich Valentin gibt als Quelle dieser »historie« die Novellensammlung *Cento novelle* (13. Jh.) an (Novella XXXI) und nennt auch Goldoni als Kolporteur der Schäfer-Anekdote. Valentins Ausführungen zufolge handelt es sich um eine im 18. Jahrhundert durchaus geläufige Erzählposse. In den Bäsle-Briefen setzt sie die Reihe jener »bombastisch aufgemachten, pointenlosen« Historien fort, die durch »einleitende Bemerkungen das Interesse an dem Folgenden« erregen, um letztlich im Leeren zu enden (vgl. Eibl/Senn, S. 43 ff.).

tribsterill: volkstümlicher Ortsname für Treffentrill, einen bei Cleebronn (im Kreis Heilbronn) gelegenen Weiler. Der von Mozart gewählte Ortsname lokalisiert die »historie« in einer hinterwäldlerischen Szenerie, er ist aber auch aus einem deutschen Volksmärchen vertraut.

stockfisch: hier in der Bedeutung von »Narr«; nach Grimms *Deutschem Wörterbuch* ein steifer, ungelenker, dummer Mensch, dessen Dummheit allerdings auch durch Verliebtheit hervorgerufen sein kann. Als Schimpfname gehört der Stockfisch ins Wörterbuch der Bühnenfigur »Hanswurst«.

Brief vom 23. 12. 1778

Kaysersheim: Kaisheim, wo der Brief am 23. 12. verfaßt wurde.

und mit vollkomenster Reüe: aus der Beichtformel.

H: Reichs-Prälat: Coelestin II. Angelsprugger, aus Augsburg gebürtiger Prälat und Generalvikar der Oberdeutschen Zisterzienserprovinz, in dessen Begleitung Mozart im Dezember 1778 von Mannheim nach Kaisheim fuhr.

sie werden vielleicht eine grosse Rolle zu spiellen bekommen: Um eine künstlerische Aufgabe für Anna Maria Thekla dürfte es sich bei dieser ungeklärten Ankündigung kaum handeln. Hildesheimer vermutet, daß Mozart dem Bäsle eine Rolle bei der erhofften und dann kläglich mißglückten Verlobung mit Aloysia Weber zuteilen wollte. Die »Weberischen« waren 1778 mit der Mannheimer Hofkapelle von Mannheim nach München übersiedelt.

Scheis = dibitari: nicht ermittelt.

Rodempl: nicht ermittelt.

Brief vom 24. 4. 1780

Mr Böhm: Theaterprinzipal Johann Heinrich Böhm, der mit seiner Truppe seit dem 28. 3. 1780 in Augsburg gastierte.

Munschhauser: recte Murschhauser, der Schauspieler und Tenor Johann Georg Murschhauser, der sich besonders durch »Bravour-Arien beim Singspiel« auszeichnete.

Joseph Hagenauer ... sein Bruder Johannes: Ignaz Joseph Hagenauer und Johann Nepomuk Anton Hagenauer; Söhne des Johann Lorenz Hagenauer, Handelsherr und Spezereiwarenhändler, Hauswirt der Familie Mozart in der Getreidegasse.

meiner Schwester zizibe: Das Nannerl wird hiermit dem Genre einer »Jungfer Zimperlich« zugeordnet. Andererseits ahmt das dialektale, lautmalerische »zizibe« den Ruf der Meise nach und kann auch synonym für »Meise« verwendet werden (vgl. Grimms *Deutsches Wörterbuch*).

dero Aeltern: Franz Aloys Mozart und Maria Viktoria geb. Eschenbach.

Brief vom 10. 5. 1780

1709ni: auszusprechen »neuni«, um dem folgenden »aini« ein Reimwort vorauszuschicken. Mozart datiert diesen Brief falsch. Erstens schreibt man das Jahr 1780, zweitens scheint sich Mozart auch bezüglich des Mai im Irrtum zu befinden. Die im Brief erwähnte Böhmische Truppe hielt sich erst im Spätsommer in Augsburg auf.

Violoncellchen: Analogiebildung zu »bässchen«, das einerseits die verkleinerte Cousine, andererseits aber ein verkleinertes Baßinstrument, ein Violoncello, bezeichnet.

visibilia und invisibilia: offensichtlich dem Credo der Messe nachgebildet: »Credo in unum Deum. Patrem omnipotentem, factorem caeli et terrae, visibilium et invisibilium.«

M:r feigelrapèe: wahrscheinlich Karl Bernhard v. Feigele, der sich später in Maria Anna Thekla verliebte (vgl. Brief Mozarts an seinen Vater vom 29. 5. 1782).

Latus hinüber V:S: musikalische Kunstwörter, die Leopold Mozart in seiner Violinschule verwendete. »V:S:« steht hier für »vertatur subito« und bedeutet genauso wie »Latus hinüber«: »Wende sofort!«

thüremichele: Mozart fragt nach dem »Tura Michele«, einer 1616 von Christoph Murmann geschaffenen Figur des heiligen Michael, die über der Uhr des Augsburger Perlachturms angebracht ist. Das Tura Michele, das auf einen Drachen einsticht, zeigt am Michaelistag (29. 9.) die Stunden an.

Wie hat sich Vogt mit seiner frau vertragen?: Der Ballettmeister Peter Vogt war zusammen mit seiner Frau, einer Sängerin und Schauspielerin, Mitglied der Böhmischen Theatertruppe.

Eine Zärtliche Ode!: leicht abgewandelte Übernahme von Klopstocks »Edone« von 1771.

S: V: Salva Verecundia: Achtung, Verehrung vorbehalten.

P: T: Pleno Titulo: mit vollem Titel.

Brief vom 23. 10. 1781

vielle wichtige sachen: Mozarts Ausscheiden aus dem bischöflichen Dienst.

H: Stein: der Augsburger Klavierbauer Johann Andreas Stein.

frl. Juliane: wahrscheinlich Maria Juliana Creszentia Mozart, eine Cousine des Bäsles.

Herr Bartholomei: der Buchhändler Friedrich Albert Bartholome.

Baron Götz: nicht ermittelt.

Biographische Notiz

Wolfgang Amadeus Mozarts Briefe an seine Cousine Maria Anna Thekla Mozart werden in einer biographisch hochsensiblen Lebensperiode geschrieben. Zwischen Oktober 1777, dem Beginn einer intensiveren Freundschaft, und dem 23. 10. 1782, an dem der letzte Brief an das Bäsle entsendet wird, spannt sich eine Zeit der Reisen und der Suche nach einer akzeptablen beruflichen und privaten Position. Die Bäsle-Briefe entstammen jenem problematischen Lebensabschnitt, in dem sich Mozart aus den feudalen Salzburger Bindungen löste und eine unabhängige Tätigkeit als Komponist in Wien anstrebte. Obwohl sie die biographischen Turbulenzen dieser Jahre kaum andeuten, sind ihr unruhiger Hintergrund, die beständigen Orts- und Zielwechsel ihres Schreibers, immer mitzubedenken.

Die Freundschaft von Vetter und Cousine begann jedoch nicht erst im Oktober 1777. Mozart kannte sein »Bäsle«, die Tochter von Leopold Mozarts Bruder Franz Aloys, bereits aus jenen früheren Reisejahren, die das Wunderkind Wolfgang Amadeus Mozart durch Europa führten. So hielt sich die Familie Mozart bereits 1763, am Anfang der dreijährigen Tournee, und 1766, am Ende derselben, bei der Augsburger Verwandtschaft auf. Elf Jahre später wurde der verwandtschaftliche Kontakt fortgesetzt. Den Begegnungen im Kindesalter folgte nun die Begegnung des 21jährigen Mozart mit der 18jährigen Anna Maria Thekla.

Inzwischen hatte sich die berufliche Situation des angehenden Komponisten grundlegend geändert. Mozart war nicht mehr der begehrte minderjährige Gast an Europas Höfen, die musikalische Sehenswürdigkeit der sechziger Jahre. Als erwachsener Musiker konnte er auf seine verjährte Berühmtheit nicht zurückgreifen. Er hatte sich einen zweiten Namen zu machen, und es zeigte sich bald, daß ihm die Vaterstadt Salzburg kein Betätigungsfeld anbieten konnte, das seinen

Talenten entsprochen hätte. Aus dieser Not heraus richtete Leopold Mozart ein Schreiben an den fürstlichen Dienstherrn, den Erzbischof von Salzburg, Colloredo, in dem er um die Freistellung seines Sohnes bat. Er wünschte, Wolfgang Amadeus auf eine weitere Reise zu schicken, auf der er sich nach einer angemessenen Stellung in Europa umsehen sollte. Colloredo jedoch beantwortete das Gesuch ungnädig. Kurzfristig entließ er sowohl den Vater Leopold als auch den Sohn Wolfgang aus seinen Diensten. Doch wurde der Reiseplan trotz erschwerter Bedingungen weiterverfolgt. Im September 1777 verließ Mozart in Begleitung seiner Mutter seine Geburtsstadt, um durch die deutschen Fürstentümer bis nach Paris zu reisen. Er sollte sich bei Fürsten, Herzögen und Bischöfen vorstellen, Konzerte planen und Kontakte knüpfen. Nach einem erfolglosen Aufenthalt in München, der ihm die erhoffte Anstellung nicht eintrug, wandte er sich nach Augsburg, um die Familie des Bäsles zu besuchen. In dieser Zeit vom 11. bis 26. Oktober 1777, die er zusammen mit seiner Mutter im Hause seines Onkels verbrachte, entwickelte sich die ausgelassene Vertrautheit mit Maria Anna Thekla, die die Grundlage der nachfolgenden Korrespondenz bildete. Mozart berichtete denn auch dem Vater in seinem Brief vom 16. und 17. Oktober 1777 von den Vorzügen des Bäsles: »Und betheuere ich daß unser bäsle, schön, vernünftig, lieb, geschickt und lustig ist; und daß macht weil sie braf unter die leüte gekommen ist, sie war auch einige Zeit zu München. daß ist wahr, wir zwey taugen recht zusammen; dann sie ist auch ein bischen schlimm. wir fopen die leüte miteinander, daß es lustig ist.« Der Vater Leopold, dem es stets mehr um das Fortkommen als um das Vergnügen seines Sohnes ging, äußerte sich distanzierter über seine Nichte und mutmaßte, daß diese die schlechte Gesellschaft der Pfaffen suche.

Dem Aufenthalt in Augsburg folgte Mannheim auf Mozarts Reiseplan. Ende Oktober 1777 traf Mozart am Hof des Kurfürsten Karl Theodor von der Pfalz ein. Von hier aus ergingen die ersten Bäsle-Briefe in dichter Folge, die indessen über Mozarts reale Lebenssituation keine geraden Auskünfte geben. Die Briefe an den Vater sind hierin aufschlußreicher. Ihnen entnimmt man, daß sich Mozart in seiner Mannheimer Zeit in bürgerlich-höfischen Kreisen bewegte, daß er sich mit der Familie des Komponisten und Violinisten Christian Cannabich befreundete, mit dessen Tochter er einen ähnlich deftigen Umgang pflegte wie mit dem Bäsle. Als die wichtigste und folgenreichste Bekanntschaft dieser Zeit kann jedoch die mit der Familie des Bassisten, Souffleurs und Notenkopisten Fridolin Weber angesehen werden, eine Bekanntschaft, die die Pariser Reisepläne, wenn nicht gar seine Lebenspläne, ernstlich gefährdete. Mozart nämlich verliebte sich in dessen sechzehnjährige Tochter, die angehende Primadonna Aloysia Weber, und plante eine gemeinsame eheliche und musikalische Karriere. Als er aber dem gestrengen Vater Leopold seine Absichten enthüllte und so auch den Grund seines langen Verweilens in Mannheim, mobilisierte dieser seine ganze väterliche Autorität. »Fort mit Dir nach Paris«, schrieb er in einem berühmten Brief (12. 2. 1778) und vernichtete damit Mozarts Hoffnung auf eine mit den »Weberischen« unternommene Kunstreise nach Italien. Von diesen Herzensdramen erzählten die Bäsle-Briefe nichts. Sie vermeldeten nur die baldige Abreise des Vetters nach Frankreich.

Den nächsten Brief erhielt Maria Anna Thekla erst, als Mozart sich wieder auf dem Rückweg nach Salzburg befand (Brief aus Kaisheim vom 23. 12. 1778). Auch dieses Schreiben schwieg vom Unglück der vergangenen Wochen. Der Pariser Aufenthalt hatte sich nämlich in mehrfacher Hinsicht als verhängnisvoll erwiesen. Die Mutter war in Paris an Typhus gestorben, und auch der erwünschte musikalische Erfolg war Mozart versagt geblieben. Nun kehrte er auf Befehl des Vaters in die Dienste des Salzburger Fürsterzbischofs Colloredo zurück – ein Gehorsam, der Mozart nicht leicht wurde. Nur zögernd machte er sich auf die Heimreise.

Einmal fürchtete er die musikalische Öde seiner Heimatstadt, dann aber suchte er seine Mannheimer Ehepläne zu befördern. Alle seine Hoffnungen setzte er auf einen Zwischenaufenthalt in München, d. h. auf die Wiederbegegnung mit der Familie Weber, die inzwischen in der Gefolgschaft des Kurfürsten Karl Theodor übersiedelt war, vor allem jedoch auf Aloysia Weber, die eine Anstellung bei der Oper gefunden hatte. In München hoffte er allerdings auch das Bäsle zu sehen. Brieflich versprach er ihr – wohl im Hinblick auf seine baldige Verlobung – eine »schöne Rolle«. Als aber Maria Anna Thekla seiner Aufforderung folgte und in München eintraf, war die Katastrophe bereits eingetreten: Aloysia Weber hatte Mozarts Werbung abgewiesen. Gemeinsam fuhren Cousine und Cousin sodann nach Salzburg, wo dieser am 17. Januar seine neue Stelle als Hoforganist anzutreten hatte.

Im Oktober desselben Jahres begann Mozart mit der Komposition des *Idomeneo* für die Münchner Oper und verbrachte die Monate November 1780 bis März 1781 in der bayerischen Residenz, um das neue Werk zu vollenden, einzustudieren und zur Aufführung zu bringen. Der *Idomeneo* bescherte ihm endlich den ersehnten Erfolg, und nur unwillig beendete Mozart seinen Aufenthalt, um dem dringlichen Befehl seines Dienstherrn Colloredo zu folgen. Diesmal ging es jedoch nicht nach Salzburg zurück, sondern nach Wien, wohin dieser mit seinem Hofstaat gereist war. Nach seinen Münchner Erfahrungen fiel Mozart die Eingewöhnung in die fürstliche Subordination schwer. Er sah sich nicht mehr in der Lage, die alten Dienstleistungen zu erbringen und die Herabsetzungen hinzunehmen, die ein Hofmusiker in feudalen Diensten ertragen mußte. Am 9. 5. 1781 kam es zum Bruch mit Colloredo, Mozart verließ das bischöfliche Logis und nahm sich ein Zimmer bei der mittlerweile in Wien ansässigen Familie Weber. Am 8. 6. 1781 provozierte er seine endgültige Entlassung und schlug die nicht immer einfache Laufbahn eines freischaffenden Komponisten ein. In diese

Zeit fiel auch seine nähere Bekanntschaft mit Constanze Weber, der Schwester Aloysias, die er am 4. 8. 1782 heiratete (Aloysia Weber hatte sich inzwischen als Primadonna in Wien niedergelassen, wo sie 1780 den Hofschauspieler Joseph Lange geheiratet hatte.) Der letzte Bäsle-Brief vom 23. 10. 1781, in vollkommen veränderten Lebensumständen geschrieben, schlug denn auch einen neuen, unbekannten Ton an. Einerseits ist nun die allmähliche Entfremdung zwischen Vetter und Base deutlich zu spüren, andererseits entfallen die gewohnten Possen ganz und gar. Gegenüber den Vorgängern erstaunt der letzte Brief durch einen hohen Anteil sachlicher Belange.

Die Base indessen betrieb ihr eigenes Liebesleben. Am 22. 2. 1784 brachte sie eine uneheliche Tochter Josepha zur Welt, als deren Vater tatsächlich ein Augsburger Chorherr gilt. 1812 übersiedelte sie nach Kaufbeuren, 1814 nach Bayreuth, wo sie im Hause ihres Schwiegersohnes Joseph Streitel bis zu ihrem Tod im Jahr 1841 lebte.

Das Dilemma der Publikationsgeschichte der neun erhaltenen Bäsle-Briefe (zwei sind verschollen oder vernichtet worden) wird bereits in einem Brief Constanze Mozarts vom 28. 8. 1799 an den Musikalien-Verlag Breitkopf & Härtel formuliert: »die freilich geschmaklosen, aber doch sehr wizigen briefe an seine base verdienen auch wohl eine Erwähnung, aber freilich nicht ganz gedrukt zu werden.« Scheute sie aus naheliegenden Gründen vor einer Publikation zurück, so wünschte Mozarts Sohn Carl Thomas die väterlichen Schriftstücke der »derben Späße halber« zu vernichten. In seiner Drohung kulminierte die ablehnende Haltung all jener Biographen und Mozart-Forscher, die von einer vollständigen Veröffentlichung der »Bäsle-Briefe« aus Schicklichkeitsgründen absahen. Dem prüden 19. Jahrhundert waren Mozarts derbe Äußerungen nicht tragbar. Noch die *Erste kritische Gesamtausgabe der Briefe W. A. Mozarts und seiner Familie* aus dem Jahr 1914, herausgegeben von Ludwig Schiedermair, eliminierte die anstößigen Stellen »aus ästhetischen Rücksichten«. Die Briefe des Bäsles indessen sind verlorengegangen. Nur die orthographisch unsichere Nachschrift eines Briefes an Leopold Mozart (17. 10. 1777) sowie ein gemeinsam mit Mozart verfaßtes Schreiben ebenfalls an den Vater (8. 1. 1779) sind aus ihrer Hand erhalten.

Nachwort

> Sie als »Kenner der Höhen und Tiefen« werden beiliegenden Privatdruck, den ich nur einem *engsten* Kreise übermittle, hoffentlich nicht als ganz überflüssig empfinden: jene neun Briefe des einundzwanzigjährigen MOZART, von denen ich hier *einen* in extenso publiziere, werfen ein psychologisch sehr merkwürdiges Licht auf seine Erotik, die, stärker als die irgendeines anderen bedeutenden Menschen, Infantilismus und leidenschaftliche Koprolalie zeigt. Es wäre eigentlich eine interessante Studie für einen Ihrer Schüler, denn durchgängig alle Briefe kreisen um das gleiche Thema.[1]

Das Briefchen, von dem die Rede ist, kann so ohne weiteres nicht den Postweg nehmen. Es bedarf eines begleitenden Schreibens, eines Empfehlungsbriefes, einer zumindest behelfsmäßigen Erklärung, da es für sich selbst – so scheint es – nicht sprechen kann. Erotische Abirrung ist sein schwieriges Thema und fordert von daher einen in den Dingen des Menschlichen besonders bewanderten Leser. Doch wird das fragliche Dokument einem Kenner anvertraut, einem Kenner von Höhen und Tiefen zudem, und kein Zweifel kann bestehen, daß hier mehr der Kenner der Tiefe als der der Höhe angesprochen ist. Allein diesem sei der Forscherblick auch auf die polymorph perverse Veranlagung eines Genies erlaubt. Der Schriftsteller Stefan Zweig schreibt an den Begründer der Psychoanalyse, Sigmund Freud. Ein kleines Herrendrama soll seinen Anfang nehmen – wie oft beginnt

1 Unveröffentlichter Brief Stefan Zweigs an Sigmund Freud vom 16. 6. 1931, zit. nach: Johannes Cremerius, »Stefan Zweigs Beziehung zu Sigmund Freud, ›eine heroische Identifizierung‹«, in: *Jahrbuch der Psychoanalyse. Beiträge zur Theorie und Praxis*, Köln 1975, Bd. 8, S. 49–91, hier S. 77. Zit. auch in Wolfgang Hildesheimer, *Mozart*, Frankfurt a. M. 1977, S. 118 f.

es nicht mit dem Austausch ausgefallener Schriftstücke, deren Lektüre besondere Diskretion erfordert? Unter dem Siegel der Verschwiegenheit wandert eine erotische *cosa rara* von Schreibtisch zu Schreibtisch – allein einer *ausgewählten* Öffentlichkeit wird der *Privatdruck* des Bäsle-Briefes vorgelegt – einem *engsten* Kreise, der sich durch allzu menschliche Züge auch eines großen Komponisten nicht befremden läßt. Während sich die erlauchten Connoisseurs zusammenfinden, bleibt dem breiten Publikum die Kenntnis so mißverständlicher Dinge, wie sie mit »Infantilismus und leidenschaftlicher Koprolalie« bezeichnet sind, vorenthalten. Gleichzeitig aber werden Mozarts Briefe mit devoter Geste psychoanalytischer Betrachtung empfohlen. Als Forschungsobjekt soll die Korrespondenz mit dem Bäsle in die Akten der Psychoanalytischen Bewegung eingehen. Doch auch hier findet Zweig nur kränkende Worte für Mozarts Briefopus: mehr als eine wissenschaftliche Randbemerkung will er ihm nicht zugestanden wissen. Den *Meister* selbst – Sigmund Freud – werde es kaum interessieren können. Allenfalls, daß ein *Schüler* für die erotische Befindlichkeit des Komponisten zu erwärmen wäre. Ein Schüler indessen, der Mozarts Briefe im Licht von Freuds »Drei Abhandlungen zur Sexualtheorie« gelesen hätte, ist uns nicht bekannt, obwohl es ihn mit Sicherheit geben dürfte. Als Psychoanalytiker würde er sehr wahrscheinlich bei jenem beharrlichen Motiv einsetzen, das man bündig als »Sauereyen« bezeichnet, bei den deftigen Stellen, die sich aus dem umfänglichen Lexikon der Fäkalkomik speisen, bei den euphorischen Beschwörungen der Entleerung und ihrer Schauplätze, die auch die langjährigen Vorbehalte gegenüber einer vollständigen Veröffentlichung der Bäsle-Briefe begründen. Den Vorwurf moralischer Unreife beiseite schiebend, würde er sodann im »imaginären Verzeichnis der Entwicklungsstörungen«[2] nachschlagen und Mozarts erotische Gebrechen als *psychische* Unreife beschreiben. Und da

2 Gert Mattenklott, »Albernheit«, in: G. M., *Blindgänger, Physiognomische Essays*, Frankfurt a. M. 1986, S. 169–185, hier S. 175.

in diesen Briefen weniger dessen gedacht ist, was beide Geschlechter unterscheidet – des Genitalen, als vielmehr dessen, was beiden gemeinsam ist – der Ausscheidungen, würde dem Mozartschen Eros der Vorwurf notorischer Infantilität kaum erspart werden können. Schließlich ist es die *kindliche* Entwicklungsstufe, auf der nach Freud eine um die anale Sphäre erweiterte Sexualität zu beobachten ist.[3]
Vermutet nun Stefan Zweig in der »leidenschaftlichen Koprolalie« des Komponisten eine Störung des sexuellen Reifungsprozesses, versucht man von anderer Seite, die Sphäre der Geschlechtlichkeit und der sie umgebenden Gelände aus der Betrachtung der Bäsle-Briefe auszuschließen. Als der Germanist Oskar Seidlin eine Musterinterpretation des Bäsle-Briefes vom 5. 11. 1777 vorlegt, liefert er ein regelrechtes Bravourstück solcher Verschweigung. Auf schöngeistige Weise praktiziert er jene Zensur, die den Makel der Unflätigkeit aus dem Bilde des Mozartschen Genius immer zu tilgen wünschte. Dementsprechend beruht seine Interpretation auf einer um die unsittlichen Passagen sämtlich gekürzten – gereinigten – Version und muß von daher nur dem Vorwurf der Unsinnigkeit, nicht dem mangelnder Sittlichkeit begegnen.[4] In der pfleglichen Deutung Seidlins

3 Sigmund Freud, »Der Witz und seine Beziehung zum Unbewußten«, in: S. F., *Studienausgabe*, Bd. 4: *Psychologische Schriften*, Frankfurt a. M. 7. Aufl. 1982, S. 9–221, hier S. 93.

4 Neben der hier verwendeten Version (Oskar Seidlin, »Ein Brief nebst einer Briefinterpretation«, in: Herbert Lederer / Joachim Seyppel, Hrsg., *Festschrift für Werner Neuse*, Berlin 1967, S. 135–142) liegt eine weitere überarbeitete Fassung vor (in: *Musica* 24, 1970, S. 126–130). Dort gibt Seidlin zwar zu, daß es sich bei der interpretierten Textgrundlage um den *gekürzten* Brief handele, doch zieht er die Schönheit der eigenen Deutung der angemessenen Arbeit am vollständigen Text programmatisch vor: »Denn der Text [. . .] ist nicht der genaue Originaltext des Briefes, so daß wir uns dem Vorwurf aussetzen, aus einem ›falschen‹ Text gültige Schlüsse ziehen zu wollen. Aber die Abweichungen vom Original sind nicht so schwerwiegend, daß unser Spiel sich als Falschspiel entlarven müsse. Aber um dem Leser die Kontrolle zu ermöglichen, drucken wir im Anhang den wissenschaftlich gesicherten Wortlaut

erweist sich Mozarts Schreiben als das sprachliche Äquivalent einer vierteiligen Sonate. »Wenn sich dieser Briefschreiber kurz vor dem Schlafengehen hinsetzt, um ein völlig belangloses Zettelchen an sein Bäsle-Häsle herunter zu fetzen, dann entsteht ihm unter den Händen eine kleine musikalisch streng gefügte Komposition.«[5] Daß eine solche Gliederung im ungekürzten Brieftext keinesfalls mehr nachzuweisen ist, kann Seidlins Deutungskünste nicht aufhalten. Daß der Brief gerade um die derben Passagen gekürzt ist, scheint ihm ebenfalls zu entgehen. Dem Germanisten ist es allein um den gefährdeten Sinn zu tun. Wo der unmusikalische Leser dem baren Unsinn ins Auge blickt, sieht jener dem Gesetz thematischer und kompositorischer Bildung Genüge getan. Bedeutungen – besonders die ungeistigen – verwandeln sich ihm in Musik, und so heißt es denn über Mozart: »wenn er Worte bildet, wenn er sie lautlos auf einem Satz fixiert, dann hört er sie als Ton.«[6]

Das musikalische Deutungsmuster verschafft sich aber auch noch bei anderen Autoren Geltung. Nicht nur werden die von Mozart verwendeten Stilmittel, das Verbarium der Variationen und Repetitionen, als musikalische Spiegelreflexe interpretiert, ganze Satzgefüge sollen sich zum besonderen musikalischen Gebilde formieren. Eine Vielzahl kompositorischer Schemata werden der Mozartschen Syntax unterlegt: assoziative Wortreihen geben sich als »Toccatas«

ab, freilich mit der Bitte an den Leser, den Anhang wirklich als Anhang zu belassen.« Der Anhang jedoch gibt nicht den vollständigen Brief wieder, der nun eigentlich erst anhebt und mit derben Passagen nicht spart, sondern nur den ersten Abschnitt des Originalbriefes vom 5. 11. 1777. Zwar setzt Seidlin nicht, wie in der Fassung von 1967, dem Brieftorso eine Unterschrift hinzu, als käme dieser bereits nach dem ersten Absatz zu einem harmonischen Abschluß, doch deutet er den weiteren Briefverlauf mit keinem Wort an. Die eigene musikalische Deutung rettet er aus den Fährnissen der Textkritik. Die Beharrlichkeit, mit der Seidlin noch 1970 bei seiner Auffassung bleibt, ist allerdings erstaunlich.

5 Seidlin, »Ein Brief nebst einer Briefinterpretation«, in: Lederer/Seyppel (Hrsg.), *Festschrift für Werner Neuse*, S. 139.

6 Ebd., S. 136.

zu erkennen, die Fäkalsprache der Bäsle-Briefe ordnet sich »rondoartig« an, der eine oder der andere Brief scheint mit »quasi einer Française« beschlossen.[7] Die Interpreten geben sich erst dann zufrieden, wenn sie hinter dem skandalösen Wortlaut ein Kompositionsschema zu erkennen meinen. Bedeutung in Ton verwandelnd, sprachliche in musikalische Satzfügung, retten sie den gefährdeten Sinn auf sicheres künstlerisches Gelände. Stets gehen sie davon aus, daß hinter dem »Unsäglichen« ein strenger musikalischer Logos waltet, daß Mozart dem Nonsense und den Fäkalien nicht rückhaltlos anheimfiel. Erst wo er sich als Komponist auch seiner Korrespondenz erweist, sinkt der Unsinn hin und seine unheiligen Lüste.

*

Die Einseitigkeit der psychoanalytischen wie der musikalischen Deutung liegt zutage. Brachte erstere an Mozart regressive Infantilität zum Vorschein, zieht sich die schöngeistige Lektüre nicht nur aus den Gefilden des *Allzu*menschlichen, sondern auch des *Menschlichen* zurück. Beide Richtungen aber vernachlässigen die sprachliche Beschaffenheit des Textes, der sie zu ihren Deutungen veranlaßt, sie mißachten die Eigenarten jenes literarischen Genres, dem der Text eindeutig zugehört – das Medium des *Briefes*, dessen Freiheiten Mozart wahrnimmt. Als *Briefe* aber mehr denn als Quellen interessieren Mozarts Texte, als solche verdienen und fordern sie Aufmerksamkeit. Ihre besondere Substanz ist weder oberhalb ihrer – in den Regionen der Musik – noch unterhalb ihrer – in den Regionen der Perversion – aufzusuchen.
Doch müßte auch derjenige kläglich scheitern, der Mozarts Korrespondenz mit seiner Cousine Maria Anna Thekla Mozart im Zusammenhang zeitgenössischer Briefkultur verankern wollte. Die Freizügigkeit der Sujets, die stilistischen Eigentümlichkeiten weisen den Briefen eine Sonderrolle in

7 Hildesheimer, *Mozart*, S. 122, 130.

der Briefgeschichte zu. In ihrer Drastik, ihren Derbheiten genügen sie keinesfalls den formalen und inhaltlichen Anforderungen, die mit dem dramatischen Bedeutungszuwachs brieflicher Geselligkeit im 18. Jahrhundert einhergehen. Andererseits lockern sich die schriftlichen Umgangsformen nicht nur im Hause Mozart. Allerorten trachtet die Epoche der Aufklärung, menschliche Bindungen von institutionellen Zwängen und institutionellen Sprachen zu befreien. Nach und nach entledigt sich der Briefautor des 18. Jahrhunderts der kanonischen Formeln, die seine gesellschaftlichen Beziehungen zum Adressaten bis dahin festlegen und einengen. Er verabschiedet die nuancierte epistolarische Rhetorik, die in den differenzierten Formen der Anrede die hierarchischen Beziehungen feudaler Machtgefüge spiegelt. Doch verleiten ihn die gewonnenen Lizenzen nicht dazu, die Grenzen der Schicklichkeit zu überschreiten. Kein grobes Wort läßt seine Feder entgleisen. Die Freiheiten, die mit der Herauslösung des Briefes aus institutionellen Bindungen erworben werden, kommen vornehmlich der empfindsamen Ausgestaltung von Freundschaft und Liebe zugute. Nicht mehr Pflicht, sondern freie Wahl begründet den brieflichen Umgang zwischen jenen, die sich unabhängig von gesellschaftlichen Rücksichten zusammenfinden. Von nun an trägt der leere Bogen Papiers die luftigen Stützpfeiler einer »nutzlosen, idealen Geselligkeit«,[8] wie sie allein der Brief flüchtig verwirklicht. Dementsprechend versendet man nicht mehr Reverenzen, sondern *Emotionen*, *Empfindungen* und deren tägliche Geschichte. Die minimalen Schwankungen wandelbarer Gefühlskonstellationen, tägliche und stündliche Korrekturen des Erfühlten avancieren zum verbindlichen Gegenstand brieflichen Austauschs. Eine an der perforierten

8 Vgl. den Abriß zur Entwicklung der Briefkultur in: *Deutsche Briefe 1750–1950*, hrsg. von Gert Mattenklott, Hannelore Schlaffer und Heinz Schlaffer, Frankfurt a. M. 1988, S. 7–19, hier S. 10. Vgl. zur Entwicklung der Briefkultur auch Gert Mattenklott, *Jüdische Intelligenz in deutschen Briefen 1619–1988*, Frankfurt a. M. 1988.

Trennungslinie zwischen Freundschaft und Liebe geschulte Sprache leiht den Herzen ihr Wort.
Im endlos hin und wider flutenden Briefestrom, der sich von hohen Portokosten und hohen Verlustziffern nicht eindämmen läßt, werden Seelen erfunden, in ihm bildet sich das reiche, problematische Innenleben des Briefautors. Die schiere Unerschöpflichkeit seiner Korrespondenz spiegelt den unerschöpflichen Grund seiner Seele. Zudem betrifft die beharrliche Befragung der eigenen und der adressierten Seele jenes unendliche Thema, das sich durch Korrespondenzen stetig bereichert und kompliziert – die Liebe, bzw. den Umgang der liebenden Geschlechter miteinander.
Briefwechsel und Briefromane geben hinreichenden Aufschluß über die briefliche Verfeinerung gerade derjenigen Gefühle, die die Begegnung der Liebenden jenseits von Arterhaltung und Vermögensbildung zu einem anspruchsvollen Drama der Seele gestalten. Sie erlauben Einblick in den Mechanismus, der die Spieluhr des Liebeslieds immer in Gang hält: in den Aufschub. Denn die unabdingbare Voraussetzung *geschriebener* Liebe ist Abwesenheit und Trennung. Die Fülle der Wörter ergießt sich erst dann auf das geduldige Papier, wenn die Geliebten auf die vom Siegel der Sehnsucht verschlossenen Couverts verwiesen sind. Nur der Brief, der bewährte Psychagoge durch die zwischen Abschied und Ankunft geschaltete Zeit, vermittelt zwischen dem »fort« und dem »da«, dem ungeschlachten Entweder-Oder von Anwesenheit und Abwesenheit. Wortreich beschwört er die fernen Geliebten und beklagt die Zerbrechlichkeit einer so trügerischen Illusion.

*

Vor diesem Hintergrund können Mozarts Bäsle-Briefe nur auf Unverständnis stoßen. Ihr Fall liegt anders. Die brieflichen Reverenzen gegenüber der Base sind frei von den Verhaltungen, den schönen, empfindsamen Umständen, denen sich die zeitgenössische Briefkultur verdankt. Mozarts Beziehungen zu Maria Anna Thekla liegen abseits komplexerer Umgangsformen: Daß er weder Vorsicht noch Rücksicht walten ließ in seinen dem Leibe mehr als der Sehnsucht verpflichteten Briefen, mag vorneweg in der verwandtschaftlichen Bindung der beiden begründet sein. Zwischen Cousin und Cousine muß nach der gemeinsam verbrachten Zeit in Augsburg im Oktober 1777 Vertraulichkeit nicht erst hergestellt werden. Im schriftlichen Umgang beider stehen nicht nur die erweiterten Lizenzen des Briefes, sondern auch die der Verwandtschaft bereit. Andererseits ist dem Verhältnis von Mozart und Bäsle ein erotisches Ferment durchaus zugesetzt. Zahlreiche Anspielungen und Wortspiele bezeugen es. Die unzweifelhafte Zweideutigkeit dieser Korrespondenz zeigt sich gerade an der doppelten Adresse, die sich sowohl an die Verwandte als auch an das mögliche Objekt vetterlicher Begierde wendet. Doch führt die Zweideutigkeit der Rede nicht gleich zu einem eindeutigen Liebesbefund. Es soll hier auch nicht weiter befunden werden. Wie weit aus der Andeutung erotischen Zeitvertreibs auf eine Liebelei zwischen Mozart und seiner Base zu schließen wäre, muß den Leser der Bäsle-Briefe nicht interessieren. Spekulationen, die das Verhältnis von Cousin und Cousine umkreisen, in diese oder die entgegengesetzte Richtung sich wendend vom »ob« zum »ob nicht«, mögen die Biographen beschäftigen. Hier jedoch ist es weder um die sexuelle Emanzipation eines ungebärdigen Genies zu tun, noch um die Jungfräulichkeit eines Komponisten bzw. seiner Base. Die vorliegenden Briefe sind weder Liebesbriefe, noch erlauben die in ihnen enthaltenen erotischen Anspielungen einen Rückschluß auf den Charakter der vetterlichen Neigung. Auch wenn sie von Liebe sprechen, mitunter sogar von Sehnsucht, so in unverläßlicher, weil komischer Form. Zu sehr genügt der Schreiber sich selbst, als daß von Begehren die Rede sein könnte. Sein Hier und Jetzt läßt nichts vermissen. Wo immer er sich befindet, ob in Salzburg, Mannheim oder in Kaisheim, ist seine Aufmerksamkeit auf das *Gegenwärtige*, nicht auf das Ferne gerichtet. Es ist der Überfluß des Präsens mit seinen »kleinen Szenen«, das Vergnügen des Augenblicks mit seiner in Wortspielen entbundenen Energie, die ihn zum Briefeschreiber machen. Die Not der Abwesenheit scheint ihn zumindest in Hinsicht auf das Bäsle nicht zu quälen. Das zeigt sich schon daran, daß die Briefe eine wenn auch nur schriftliche Zweisamkeit – ein Untersichsein heimlich Liebender – nicht fingieren. Seidlins »Stunde vor dem Schlafengehen«, die der Sehnsucht gemeinhin geschuldet wird, scheint Mozart für seine Korrespondenz nicht genutzt zu haben und deren wehmütige Stimmung nicht zu Papier gebracht. Der helle Tag und die ihn in Beschlag nehmende Familie bilden den szenischen und sprachlichen Hintergrund der Schreibstunde. Die Mutter befindet sich im selben Zimmer, in steter Bereitschaft, ins Briefgeschehen einzugreifen oder die Diskussion jenes großen Themas fortzuführen, das Mozarts »Hier und Jetzt« zuallererst bezeichnet: das »Häusl« und seine Zwecke, die Winde und ihr Heulen.

> iezt muß ich ihnen eine trauerige geschichte erzehlen, die sich jezt den augenblick erreignet hat. wie ich an besten an dem brief schreibe, so höre ich etwas auf der gasse. ich höre auf zu schreiben –– stehe auf, gehe zum fenster –– und – höre nichts mehr –– ich seze mich wieder, fange abermahl an zu schreiben –– ich schreibe kaum 10 worte so höre ich wieder etwas –– ich stehe wieder auf –– wie ich aufstehe, so höre ich nur noch etwas ganz schwach –– aber ich schmecke so was angebrandtes –– wo ich hingehe, so stinckt es. wenn ich zum fenster hinaus sehe so verliert sich der geruch, sehe ich wieder herein, so nimmt der geruch wieder zu –– endlich sagt Meine Mama zu mir: was wette ich, du hast einen gehen lassen? –– ich glaube nicht Mama. ja ja, es ist gewis so. ich mache die Probe, thue den ersten finger im arsch, und dann zur Nase, und –– Ecce Provatum est; die Mama hatte recht.

> Nun leben sie recht wohl, ich küsse sie 10000mahl und bin wie allzeit der alte junge Sauschwanz Wolfgang Amadé Rosenkranz.[9]

Die traurige Geschichte klärt die Empfängerin des Briefes zuvorderst über die Macht der Gegenwart auf, die jedem Brief und jedem Aufschub feindlich ist. Der Moment in seiner Fülle entbindet den Vetter des Schreibens. Die anfallenden Forschungen der Stunde heißen ihn Feder und Papier niederlegen. Von den eigenen Düften magisch angezogen, verläßt er den Schreibtisch. Zudem läßt er sich bei der Lösung des Rätsels nicht vom Bäsle, sondern von der *Mutter* assistieren. Im familiären Gespräch wird die Ursache der Störung geklärt, der Täter entlarvt und auf die weisen Worte derjenigen verwiesen, der nichts Menschliches fremd ist und deren direkte Rede *vor allen Briefen* zu bedenken ist.
So vermag die zitierte Stelle hinreichenden Aufschluß darüber zu geben, daß sich der Verfasser weniger seiner Cousine als seiner leiblichen Diesseitigkeit versichert. Statt zum fernen Bäsle sublime Brücken zu schlagen, bezieht er es als Zuschauerin in eine Szene ein, die vom »Hier und Jetzt« und seinen bewegenden Kräften erbarmungslos bestimmt ist. Solange die Korrespondenz mit dem Bäsle währt, steht denn das Briefeschreiben in engster Beziehung zur Arbeit des Verdauungstraktes. »Bevor ich Ihnen schreibe, muß ich aufs Häusel gehen« – auf diesen Satz vom 3. 12. 1777 gründet sich Mozarts Poetik des Briefes. Wenn er der Cousine schreibt, muß sich die komplexe Kulturtechnik des Briefes, sein schwieriges Spiel zwischen Nähe und Ferne, seine programmatische Umständlichkeit an den Umstandslosigkeiten des Leibes bewähren.[10]

*

9 Brief vom 5. 11. 1777; vorl. Ausg. S. 11.

10 Um den Psychoanalytikern noch einmal das Wort zu erteilen, sollen hier wenigstens die Gefahren angedeutet werden, die die – und sei es auch nur sprachliche – Kultivierung der analen Sphäre für jede Briefkultur bedeuten muß. Als Schauplatz infantiler Sexualität bietet sie

Dementsprechend weist die sprachliche Form, in der er seine Rechte einklagt, über die Formen brieflicher Kommunikation hinaus. Nachdem sich der Vorhang über der Familienszene gehoben hat, stellen sich die Umstände der »trauerigen geschichte« in einem Dialog von Sohn und Mutter dar. Wie so oft in Mozarts Briefen löst sich die Briefrede in pointierte Wechselrede auf und gibt ein weiteres Beispiel dafür, in welchem Maße die Mittelbarkeiten des Briefes gegenüber der in »kleinen Szenen« aufgelösten, unmittelbaren Gegenwart zurücktritt.[11] Nicht nur die Selbstgenügsamkeit der analen Thematik, auch die Simulation mündlicher, dialogischer Rede mit einem *Dritten* zieht die Gattungsanforderungen des Briefes in Zweifel. Statt dessen meldet eine ganz andere Gattung ihre Ansprüche an. Die formale Zuordnung des Auftritts, den man vielleicht mit »Der unterbrochene Briefeschreiber« übertiteln könnte, enthüllt sich, wenn auch der Unterzeichnete seine *komödiantische* Herkunft preisgibt: Der »alte junge Sauschwanz« ist einer der vielen Namen jener »komischen Figur«, die die zeitgenössische *Bühne* mit ihren Späßen und ihren freizügigen Improvisationen verunsichert. Er gehört zur Truppe des Harlequin, des Hanswurst, des Scaramuccio, des Fuchsmundi usw., die mit ihren Flikkengewändern, grünen Hüten und weißen Jacken die Ernsthaftigkeit des zeitgenössischen Repräsentationstheaters, der höfischen Oper sowie des höfischen Trauerspiels in Frage stellen. Reizvoll ist es zu bemerken, daß auch Johann Wolfgang von Goethe in seinem dramatischen Fragment *Hanswursts Hochzeit* von 1775 einen »Peter Sauschwanz« auf die lange Gästeliste setzt. Zusammen mit vielen anderen, ähnlich benamsten Figuranten füllt er den fäkalkomischen Klangraum der Hanswurstiade, der mit dem der Bäsle-Briefe

autoerotische, d. h. vom Partner unabhängige Befriedigungen. Der auf sie Verwiesene wird wenig Sehnsucht fühlen, stehen ihm doch die Quellen seiner Lust an sich selbst zur Verfügung und muß er sich ihrer nicht erst über einen anderen, über Worte und Briefe versichern.

11 Vgl. Stefan Kunze, »Mozart als Briefschreiber«, in: Wolfgang Amadeus Mozart, *Briefe*, ausgew. und hrsg. von St. K., Stuttgart 1987, S. 17.

durchaus vergleichbar ist. So ruft das von Goethe ebenfalls eingeladene »Reckärschgen« einen von Mozart in Briefen und in Kanons mehrfach gebrauchten Imperativ ins Gedächtnis: »reckens den arsch zum mund.«[12]
Das Rollenfach der »komischen Figur«, die Herabsetzung würdiger und repräsentativer Kunstformen bezweckend, sorgt mit obszönen Gesten und unzüchtigen Reden für die Auflockerung der Haupt- und Staatsaktionen und hält beständige Obacht auf die Befriedigung niederer menschlicher Bedürfnisse. Es bildet den »oratorischen Kontrapost«,[13] von dem aus den tönernen Alexandrinern, den langwierigen Prunkreden tugendhafter Bühnenhelden zu Leibe gerückt wird. Wo immer ehrwürdige Konventionen, sei es des Versmaßes, des Vokabulars, des Umgangs oder der Kunst von ihrem hybriden Podest zu stürzen sind, betritt der Hanswurst das Theater. Er schert sich nicht um die Würde der Formen, er bringt sie zu Fall, indem er sie vor das unbestechliche Tribunal menschlicher Physis stellt. Die anthropologische Überzeugungskraft der Komödianten vom Schlage »Peter Sauschwanz« macht all jene zivilisatorischen, sittlichen und künstlerischen Anstrengungen zunichte, durch die der Mensch über den Stand des Kreatürlichen hinausstrebt. Statt der Beredsamkeit der Zunge regiert die in den Bereich des Mimischen hinüberspielende Beredsamkeit der leiblichen Funktionen. Dabei besteht die Kunst der komischen Figuren nicht darin, der Architektur der repräsentativen Formgebilde eine eigene, konsequente komische Handlung zu kontrastieren, sondern in kurzen, unverbundenen Intermezzi die Ansprüche des Leibes gegen die Rhetorik tugendbesessenen Geistes einzuklagen. Die leibbezogenen Handlungen der Hanswurstiade füllen den Moment, nicht den

12 Brief vom 5. 11. 1777; vorl. Ausg. S. 9. Vgl. dazu auch Eibl/Senn, S. 64 ff. Hinweis auf Goethe dort S. 67.

13 Vgl. Walter Hinck, *Das deutsche Lustspiel des 17. und 18. Jahrhunderts und die italienische Komödie. Commedia dell'arte und théâtre italien*, Stuttgart 1965 (Germanistische Abhandlungen. 8), S. 36.

Abend. Der Entlastung der gebändigten Triebe dienend, sind sie aus der Logik der übergreifenden Handlung entlassen.[14] Als ein solches Intermezzo läßt sich der Auftritt des unterbrochenen Briefeschreibers unschwer erkennen. Wie Hanswurst treibt Mozart seine »Ollapatrida« – so pflegen die der fäkalkomischen Improvisation gewidmeten Zwischenspiele genannt zu werden – mit den verbalen Ausdrucksformen der Feudalgesellschaft. Anreden, Höflichkeitsphrasen, Grußformeln, Opernarien, Alexandriner – der ganze Fundus höfischen Dekorums wird mit jedem Brief von neuem parodiert. Auch hier macht fäkale Komik den hohen Ernst der Formeln zunichte, doch kennt Mozart noch andere parodistische Verfahren. Die Sprachfossilien des Ancien régime kritisiert er nicht nur, indem er sie nach ihrem Sturz in der unwürdigen Umgebung des »Häusls« wieder erwachen läßt, sondern auch, indem er ihre Mechanik dem Gelächter preisgibt. Mozarts Spott gilt dem Leerlauf der Höflichkeiten.

Setzt er etwa an, das Bäsle zu verabschieden, so wiederholt und variiert er die für diesen Zweck verfügbaren Redewendungen bis zum Überdruß. Gerade die Unmäßigkeit, mit der er sich ihnen hingibt, fördert den ihrem Gebrauch zugrundeliegenden Automatismus, ihre ungedeckte Förmlichkeit zutage. Die Gepflogenheit des beschließenden Kompliments wird dabei einerseits vor das »physische Forum« (Schiller) zitiert, andererseits aber als ein komischer, von willkürlichen Reimen vorangetriebener Leerlauf vorgestellt:

> ich werde alsdan in eigner hoherperson ihnen Complimentiren, ihnen den arsch Petschieren, ihre hände küssen, mit der hintern büchse schiessen, ihnen Embrassiren, sie hinten und vorn kristiren, ihnen, was

14 Vgl. hierzu allgemein: Richard Alewyn, *Das große Welttheater. Die Epoche der höfischen Feste*, München 1989, S. 91–114. Vgl. auch Roger Bauer, *La réalité, royaume de Dieu*, München 1965; dt. Ausg.: *Die Welt als Reich Gottes. Grundlagen und Wandlungen einer österreichischen Lebensform*, übers. von Helmut Gier, Wien 1974 [Einl. und Tl. 1 der Originalausg.].

> ich ihnen etwa alles schuldig bin, haarklein bezahlen, und einen wackeren furz lassen erschallen, und vielleicht auch etwas lassen fallen –[15]

Und wir bewundern, wie sich auch das schlechthin Ungeformte, das Unaussprechliche unter das Joch des Dekorums fügt.

Auch wenn Mozart dem Bäsle seine Liebe erklärt, parodiert er die rhetorischen Bekräftigungen – die reichen *perorationes*, die das zeitgenössische Alexandrinerdrama für solche Gelegenheiten vorsieht. Der heilige Liebesschwur, um den sich Arien und Reden gleichermaßen ranken, die Metaphern, die der Held der Geliebten zu Füßen legt, hören sich bei Mozart folgendermaßen an:

> haben sie mich noch immer so lieb, wie ich sie, so werden wir niemahlen aufhören uns zu lieben, wenn auch der löwe rings-herum in Mauern schwebt, wenn schon des zweifels harter Sieg nicht wohl bedacht gewesen, und die tirranney der wütterer in abweg ist geschliechen, so frist doch Codrus der weis Philosophus oft roz für haber Muß, und die Römmer, die stüzen meines arsches, sind immer, sind stehts gewesen, und werden immer bleiben – – kastenfrey.[16]

Mit erstaunlicher Geläufigkeit wird die barocke Bildersprache einer eleganten Perversion unterzogen. Zwar bleibt der Schein der Form, des Metrums und der argumentativen Reihung gewahrt, doch kommt blanker Unsinn auf dem Kothurn des Verses daher. Man hat vermutet, daß sich das Unverständliche als ein Rätsel lesen und lösen ließe, daß ein Wort- oder Buchstabenschlüssel den wahren Sinn dieser Rede aufschließen könnte, doch hat man weder Schlüssel noch Schloß gefunden. Will man aber den Unsinn nicht um jeden Preis als eine Botschaft auffassen, so wird man ihn

15 Brief vom 23. 12. 1778; vorl. Ausg. S. 21 f.
16 Brief vom 13. 11. 1777; vorl. Ausg. S. 13.

doch als präzise Stilparodie würdigen müssen. Mozart collagiert in wenigen Versen wesentliche Bild- und Themenbereiche barocker Metaphernkunst und barocker Dramatik. Ein königliches Wappentier – der Löwe, ein allegorisch ausgetragener Konflikt – des Zweifels harter Sieg, ein barockes Tyrannenschicksal – die »in abweg geschliechene« »tirranney der wütterer«, ein klasssisches Vanitas-Motiv – die kränkende Speisung eines Philosophen, dessen Name bereits das bittere Ende alles Menschlichen weissagt; in wenigen Versen werden zentrale Motive der barocken Dramenwelt aufgegriffen, entstellt, abgefertigt und schlußendlich unter jenem Strich zusammengerechnet, der gewöhnlich Gürtellinie genannt wird.

*

Die grobianische Sprache des Hanswurst geht jedoch nicht nur in die Briefe von Vetter und Base ein. Sie dient der verbalen Entlastung einer ganzen Gesellschaftsschicht. Wenn es Mozart in seiner Korrespondenz an Zurückhaltung fehlen läßt, wenn er dem feudalen Formelschatz mit derben Scherzen pari bietet, so steht er durchaus im Einklang mit den Sprachgewohnheiten seines sozialen Umfeldes. Die Ollapatrida der Bäsle-Briefe stellen nicht die Entgleisungen einer entwicklungsgehemmten Persönlichkeit, sondern artistische und pointierte Variationen einer weithin gebräuchlichen Umgangsform dar. Sie gründen auf dem Mozartschen Familiencode und darüber hinaus auf den Umgangsformen des Salzburger Bürgertums.[17] Mit obstinaten Worten und Gesten kreist die zelebrierte Geselligkeit des süddeutschen Raumes um den Mittelpunkt des Fäkalen. Sowohl die Briefe der Familie Mozart als auch die sprachlichen Zeugnisse des geselligen Lebens bezeugen eine den Nachgeborenen nicht restlos mehr verständliche Vorliebe für die Dinge der Ver-

17 Ein genaues Inventar dieses Sprachbestandes liegt mit der Untersuchung von Eibl/Senn vor.

dauung. In diesem Sinn mobilisiert der Soziologe Norbert Elias eine ganze Zivilisationstheorie, um Mozart aus dem sozialen Vakuum zu befreien, in das ihn etwa einseitige psychoanalytische Diagnosen verbannen.[18] Vielmehr gelte es, die Gesellschaft Mozarts als prägende Instanz der Bäsle-Briefe zu erkennen. Sie sei vor allem charakterisiert durch

> die Gleichzeitigkeit einer Formalität im Verkehr von sozial über- und untergeordneten Menschen, die an zeremonieller Härte jede entsprechende Formalität unserer Tage weit übertrifft, und einer Informalität innerhalb der eigenen Gruppe, die ebenfalls weit über das hinausgeht, was gegenwärtig im geselligen Verkehr von relativ gleichgestellten Menschen möglich ist.[19]

Informalität darf in diesem Fall jedoch nicht mit Formlosigkeit verwechselt werden. Auch die Rede über das gesellschaftlicher Formgebung schlechthin Entzogene – die menschlichen Ausscheidungen – unterliegt einer deutlichen Ritualisierung und Codifizierung, auch die derbsten Späße festigen sich zu verbindlichen Formeln, zu eingängigen, mitunter gereimten Wortfolgen. Die Geläufigkeit ihrer Verwendung belegt, daß sich gerade in der sprachlichen Prägung des Fäkalen eine gegen die feudalen Formen gerichtete bürgerliche Vergesellschaftung vollziehen konnte. Das dem »offenen Leibe«, der Verdauung geschuldete Vokabular fließt zu einem beträchtlichen Teil in die bürgerliche Selbstdarstellung ein und bildet neue – wenn auch nicht einfallsreiche – Kon-

18 Vgl. Norbert Elias, *Studien über die Deutschen, Machtkämpfe und Habitusentwicklung im 19. und 20. Jahrhundert*, Frankfurt a. M., 2. Aufl. 1989, S. 40: »Eine Folge ist, daß die scherzhafte Beschäftigung mit den fäkalen und analen Seiten des menschlichen Lebens [. . .] zwar erwähnt und erörtert wird, aber im wesentlichen als eine persönliche Seltsamkeit verstanden wird, als eine Art neurotischer Fixierung des großen Mannes an Probleme der Lebensperiode, in der kleine Kinder zur Reinlichkeit [. . .] angehalten werden.«

19 Ebd., S. 41.

ventionen aus. So sehr es auch im Dienst der Entlastung stehen mag, so sehr auch hinter der »Häusltür« ein herrschaftsfreier Raum verborgen ist, so begründet die fäkale Sprache dennoch eine bindende, vielfältig verankerte Umgangsform. Das ringsum gebräuchliche »Reck den arsch zum mund«, das nicht minder beliebte »scheiss ins beth das kracht« mögen als Beispiele geglückter Codifizierung genügen.[20]
Die Bäsle-Briefe gehen indessen über die einfachen Freuden solcher Imperative hinaus. Den Salzburger Code nehmen sie zum Ausgangspunkt zwar nicht feinerer, aber um vieles virtuoserer Sprachspiele. Obwohl auch sie sich reichlich derber Sprüche bedienen, so messen sie dennoch die »Formalitäts- und Informalitätsspanne« des bürgerlichen Lebens mit sehr viel einfallsreicheren Mitteln aus als Verwandte und Freunde. Die formbewußte Informalität der Mozart-Briefe rebelliert nicht nur gegen die Herrschaft feudaler Sprachen, sie umschließt auch deren genaue Parodie. Nicht ohne Kunst kündigt der Leib den Formen. Wie der Hanswurst, der die Herabsetzung des Hohen als eine *Kunst* beherrscht, entfaltet er eine theatralische Eloquenz, eine komödiantische Gewandtheit, die von der Lust an der Form ebenso wie an ihrer Persiflage genährt ist. Metrik und Rhetorik sind dem Spaßmacher auch in ihrer Umkehrung geläufig – sie zu verlachen, muß er sie kennen und gebrauchen können. Daß der »Edle von Sauschwánz« dabei in seinem Metier bleibt und seine sprachlichen und komischen Fertigkeiten nicht in den Dienst höherer Zwecke stellt, gehorcht durchaus den Gesetzen der selbstgewählten Rolle. Warum sollte er über sie hinausgehen? Auf der Akademie der Gaukler hätte er glänzend abgeschnitten.

*

Besondere Bravourstücke liefert Mozart auf dem Gebiet des Reims. Indem er mit der Unerbittlichkeit, die den

20 Vgl. Eibl/Senn, S. 46–57

Albernen eigen ist, fast jedem beschließenden Wort einen Reim an die Fersen heftet, einen passenden oder unpassenden, einen schicklichen oder unschicklichen, einen geläufigen oder einen unerhörten, durchquert er eines der berühmtesten Reiche kindlicher Wortlust. Der sinnvolle Reim, der sowohl den Gleichklang sucht als auch die Legitimation einer inhaltlichen Entsprechung, ist hier nicht im Spiel. Kampflos weicht er dem Kalauer, der sich allein auf die »unübersehbare Ähnlichkeit«[21] zweier Wörter, auf die lose Paarung des Zusammenhangslosen verläßt. Generös sieht Mozart »bei der Zusammenfügung von Worten oder Gedanken von der Bedingung ab, daß sie auch einen Sinn ergeben sollen«.[22] Nichtsdestoweniger haben die gewählten Reime eine geradezu universale semantische Reichweite. Das Tierreich, das Pflanzenreich, die Kirche, der Nonsense, die Fäkalien – Unterschiedlichstes steht dem Reimer gleichermaßen zur Verfügung. Dabei ist auch hier zu vermuten, daß er auf der trügerischen, verfänglichen Ebene des Gleichklangs das begonnene Werk der Herabsetzung erfolgreich vollendet. Das Echo der Bäsle-Briefe bringt das Wort um seinen Ernst. In ihrer Folge bilden die Reime eine respektlose Interlinearversion formelhafter Höflichkeitsphrasen:

> Allerliebstes bäsle häsle! Ich habe dero mir so werthes schreiben richtig erhalten falten, und daraus ersehen drehen, daß der H: vetter retter, die fr: baaß has, und sie wie, recht wohl auf sind hind; wir sind auch gott lob und danck recht gesund hund. ich habe heüt den brief schief, von meinem Papa haha, auch richtig in meine klauen bekommen strommen. [. . .] mir ist sehr leid, daß der H: Prælat Salat schon wieder vom schlag getrofen worden ist fist. doch hoffe ich, mit der

21 Freud, »Der Witz und seine Beziehung zum Unbewußten«, S. 46.
22 Ebd., S. 118.

hülfe Gottes spottes, wird es von keinen folgen seyn schwein.[23]

Die »Lustwirkungen des Unsinn«, gewöhnlich als Minderleistung der Denktätigkeit verworfen, gehen hier allerdings beträchtlich über diejenigen Lüste hinaus, die sich das Kind durch die »Wiederholung des Ähnlichen, durch das Wiederfinden des Bekannten«[24] verschafft. Planmäßig steuern animalische, blasphemische, neologistische Gegenwörter den Konventionen der höflichen Nachfrage entgegen – nicht einmal vor dem Mißgeschick des Prälaten, der ein Recht auf Nachsicht doch sicherlich beanspruchen könnte, halten sie an.
So läßt der Reim in seinem Zerstörungswerk alle Geschmeidigkeit, Gefälligkeit und Zierlichkeit vermissen, die gegenüber einem weiblichen Wesen angesagt wären. Weder stellt Mozart ihn in den Dienst des Frauenlobs, noch ruft er galante Gleichklänge zur Huldigung des Bäsles auf. Kein Gedicht schimmert durch den Unsinn durch. Der leichtfüßigen, doch unverbindlichen Reimpaare anakreontischer Liebeslyrik, die das minnende Dichten so erleichtern,[25] bedient sich der rüde Vetter nicht. So bleibt aus den Briefen jenes Versgut amouröser Schäferdichtung ausgespart, mit dem sich der Komponist Mozart gerade beschäftigen mochte. Denn daß ihm das pastorale Genre mit all seinen Attributen geläufig war, zeigt sich an dem 1777 und damit zur gleichen Zeit vertonten Gedicht Antoine Ferrands »Dans un bois«, einem Musterbeispiel galanter Kunst. Ganz nach der Regel reiht es

23 Brief vom 5. 11. 1777; vorl. Ausg. S. 8.
24 Freud, »Der Witz und seine Beziehung zum Unbewußten«, S. 121.
25 Vgl. Giuliano Baioni, »Naturlyrik«, in: H. A. Glaser (Hrsg.), *Deutsche Literatur. Eine Sozialgeschichte. Zwischen Absolutismus und Aufklärung*, Reinbek 1980, Bd. 4, S. 234–254, S. 239. Baioni spricht hier von der »scherzhaften Poesie des Schönen mit der Unverbindlichkeit ihrer Motive und mit ihren gereimten, alles auf den Gesang setzenden, kurzzeiligen, tänzelnden Liedchen«, die deutlich die Rolle einer Gebrauchslyrik in Anspruch nehmen und zum »Absingen in Gesellschaft« (Sulzer) besonders geeignet gewesen seien.

gefällige Rokoko-Motive zu einer leichten Reimkette, die sich in fünf Strophen um die Untaten des Amorknaben schlingt. »Sombre« gesellt sich zu »ombre«, der »arc vengeur« zu »cœur« und »Sylvie«, die Gefährtin, zu »vie«, dem Leben. Die Geselligkeit der Klänge verspricht hier die erwünschte Geselligkeit mit der Freundin. Nicht von ungefähr, daß »Echo« des Anakreontikers liebste Nymphe ist. Ihrem Namen huldigt der reimtrunkene Schäfer, wann immer er dichtet – »Echo, du Freundin zärtlichster Lieder«. Sie allein verkörpert die bedenkenlose Zustimmung, derer er stets bedarf, nur sie gibt die törichten Antworten, nach denen seine Verse fragen. »Hör welch schöner Widerhall«[26] singt er schmachtend, wenn der Klang des eigenen Wortes an sein Ohr zurückkehrt. Die Echo der Bäsle-Briefe ist jedoch eine weniger empfindsame Kupplerin. Die von ihr zusammengefügten Wörter gleichen den ungleichen Paaren der Komödie. Ihr Dienstherr kann kein Schäfer sein.

*

Trotz alledem wird dem Bäsle doch auch ein Gedicht, gar ein Liebesgedicht, wenn auch kein gereimtes, zuteil. Am 10. 5. 1780 widmet ihr der Vetter, der doch in niederen Triebregionen befangen schien, eine »Zärtliche Ode«.[27] Auf einmal bekräftigt der Vetter seine Liebe mit Versen einer in diesem Zusammenhang ungewöhnlichen Intonation. Unvermutet tragen sich jene klagenden Motive in lyrischer Form vor, die auch die zeitgenössische Briefkultur dauernd umkreist. Auf einmal, unverhofft, wird die ferne Geliebte besungen und jener wortspendenden Abwesenheit Rechnung getragen, die Bedingung und Aporie inniger Korrespondenzen ist. Der Autor der Ode sieht sich auf ein »Bild«

26 Vgl. Emil Karl Blümml (Hrsg.), *Ältere Liedersammlung I. Die Liederhandschrift des Weingartner Mönchs P. Meingosus Gaelle*, Wien 1912, S. 53, 62.

27 Brief vom 10. 5. 1780; s. vorl. Ausg. S. 26, 28.

verwiesen, das ihm den Mangel versüßt und die Einsamkeit verschärft, und nachdrücklich bittet er, das Traumgebilde möge Leib werden, aus den malerischen Gespinsten der Sehnsucht in Fleisch sich verwandeln. Bündiger ließen sich die um die abwesende Geliebte webenden Phantasmen nicht zur Sprache bringen. Doch ist andererseits keineswegs zu erwarten, daß sich Mozart zum empfindsamen Korrespondenten so schnell hätte bekehren lassen, noch weniger aber, daß das Verhältnis zur Base jene lang vermißte Qualität angenommen habe, die den Gebrauch gewisser Deutlichkeiten von vornherein verbietet. Schon der wiederholte Vokativ »O Bäschen« läßt Verdacht aufkommen. Zu profan will er dem Lesenden scheinen, und richtig klärt ihn die Signatur des Gedichtes hinreichend über die Satisfaktionsfähigkeit des Dichters auf – »finis coronat opus, Edler v: Sauschwanz«. Diesem aber darf man weder die Zähren noch das Gedicht selbst abnehmen. Dilettiert er im empfindsamen Fach, so höchstens, um dessen verbale Posen ins Lächerliche zu setzen und einmal mehr der Hybris gesellschaftlicher bzw. poetischer Codes zum Sturz zu verhelfen. Im gegebenen Fall vergreift sich Mozart an Friedrich Gottlieb Klopstock, dem Odendichter der Epoche der Empfindsamkeit. Fast wörtlich übernimmt er dessen Gedicht »Edone«.[28] Allein den Namen der Besungenen ersetzt er durch ein »O Bäschen«, eine Anrufung, die sich im Schlußvers – »O Bääs'chen« – durch die ergreifende Verdopplung des Umlauts gesteigert findet. Auch die emphatischen Atemzeichen – die Gedankenstriche – fügt Mozart dem Original hinzu. Doch möchte das alles noch hingehen, wenn der »Edle v: Sauschwanz« seine wahre Natur nicht im Postskriptum des Gedichtes unmißverständlich dargelegt hätte. Auf die Ode läßt er ein Porträt des Bäsles folgen, dessen karge Tintenstriche von Myrthen und Blütenflor nichts mehr erzählen. Zweifellos führt es jenes Frauenbild vor Augen, das tatsächlich um den Blick des

28 Vgl. Anm. zum Bäsle-Brief vom 10. 5. 1780 (525) in: Bauer/Deutsch, Bd. 5.

Vetters schwebt und das sich vom Bild Edones beträchtlich unterscheiden dürfte. Allein die vordergründigen Schönheiten der weiblichen Büste werden von der Skizze berücksichtigt, wobei die Akzente auf dem flachen Näschen, dem gespitzten Mündchen und schließlich auf zwei kühn gegeneinander verschobenen Brüstchen liegen. Doch schließen sich die genannten Reize nicht zum holden Frauenbild zusammen. Vielmehr legt der Zeichner eine erotische Karte ihrer Lage und ihrer Namen vor. Indem er die einzelnen Körperteile mit Hinweispfeilen versieht – auf Kopf, Brust, Frisur, Hals –, wendet er sich weniger an den schmachtenden Lyriker als an den, der eben die Teile liebt – den Fetischisten. So erscheint das Bäsle statt in ungreifbarer Entrückung, wie das Gedicht sie fordert, in handgreiflicher Nähe. Ihr »süsses Bild« ist ein reizender Affront nicht nur gegen das voranstehende Gedicht, sondern auch gegen jene Medaillons, die, in Pastellfarben gehalten, die abwesenden Geliebten des 18. Jahrhunderts vergegenwärtigen.

So rebelliert Mozart auf seine Weise gegen die abgegriffenen Ikonen der Empfindsamkeit,[29] die in den siebziger Jahren des 18. Jahrhunderts den Zenit ihrer Bedeutung längst überschritten hat. Anstatt Tränen auf das Porträt des Bäsles fallen zu lassen, stellt er die in unzähligen Gedichten ausgebreitete Entsagungs- und Verzichtsmythologie der empfindsamen Barden durch eine kleine, aber unmißverständliche Zeichnung bloß. Auf die »seraphische Einsamkeit«, die die Sänger dieser literarischen Epoche kultisch pflegen, läßt er sich nicht einen Moment lang ein. Die Motive der Sehnsucht und ihrer Chimären bieten sich einem Parodisten dar, der die anwesende Geliebte der abwesenden, die anwesende Cousine der

29 Hier steht Mozart durchaus im Horizont einer österreichischen Literaturgeschichte, die bekanntlich eine Epoche der Empfindsamkeit nicht kennt. Leslie Bodi hat in seinem Buch *Tauwetter in Wien, Zur Prosa der österreichischen Aufklärung 1781–1795* (Frankfurt a. M. 1977) gezeigt, wie die literarischen Formen des protestantischen Nordens vor allem in der Form der Parodie in das österreichische Schrifttum Eingang finden.

abwesenden vorziehen würde. Unverblümt benennt er den möglichen Ort der Lust. Anders aber als der junge Goethe, der gegen die poetischen Stereotypen Klopstocks die erotische Begegnung mit der Natur proklamierte,[30] bleibt Mozarts Sprache auch in diesen Dingen auf feudale Ausdrucksformen bezogen. Die Pose des Empfindsamen kritisiert er vom Standpunkt *vorbürgerlicher* Komödie. Von anachronistischer Warte aus führt er seine Attacke gegen die schwer errungene lyrische Sprache des aufstrebenden Bürgertums, die sich mit den Motiven der Trauer, der Ferne und der Entsagung gegen die aristokratische Genußkultur der vorrevolutionären Gesellschaft absetzen wollte. Immer noch ist es der »Edle v: Sauschwanz«, der spricht und zeichnet. Die Ode an die Ferne zwingt er auf das Niveau spätbarocker Sinnlichkeit.

*

Werden aber die Formen der hohen Minne außer Kraft gesetzt, muß das Spielfeld der niederen weiter erkundet werden. Zwar liegt der unabweisliche Befund vor, es handle sich bei diesen Briefen nicht um Liebesbriefe, doch scheint der Eros der Bäsle-Briefe auf die ernsthaften Liebesdinge nicht angewiesen. Abseits hehrer Gefühle widmet er sich vor-

30 Einige Jahre zuvor hatte der junge Goethe die larmoyanten Formeln der empfindsamen Odendichtung in Frage gestellt. Statt der Kulissen dichterischer Einsamkeit und Sehnsucht – statt die Nacht und ihre Chimären ein weiteres Mal zu besingen – belebt er die Trauerlandschaft mit anakreontischen Motiven, »die heiligen Topoi durch witzig-laszive Pointen der erotischen Tändelei«. Das aber nicht, um die empfindsamen Konventionen durch die des Rokoko zu bekämpfen, sondern um einer erotischen Naturerfahrung Ausdruck zu verleihen, die sich von empfindsamer Entsagung verabschiedet. Subjektive Liebeserfahrung verfällt nun nicht mehr dem obligatorischen Aufschub wie bei Klopstock, sondern entwickelt »eine neue erotische Erlebnisfähigkeit des Subjekts, das keine ihm und der Natur übergeordnete Autorität mehr anerkennt«. Damit geht er über die lyrischen Vorgaben der Empfindsamkeit hinaus, während sich Mozart wohl zu den Anfängen des 18. Jahrhunderts zurückzieht, um sie zu kritisieren. Vgl. dazu Baioni, »Naturlyrik«, in: Glaser (Hrsg.), *Deutsche Literatur*, Bd. 4, S. 245 ff.

nehmlich den Wortspielen, den Anspielungen, den Doppelsinnigkeiten, die mit dem Harmlosen auch das andere sagen – zu sagen scheinen, denn Anspielungen sagen es und sagen es eben nicht.

> ich bitte sie halt recht sehr um verzeyhung, daß ich ihr bishero die versprochene sonata noch nicht geschickt habe, aber ich werde sie, so bald es möglich ist übersenden. warum nicht? – – was – – warum nicht? – – warum soll ich sie nicht schicken? – warum soll ich sie nicht übersenden? – – warum nicht? – – Curios! ich wüste nicht warum nicht? – – Nu, also, diesen gefallen werden sie mir thun; – – warum nicht? – – warum sollen sie mirs nicht thun? – – warum nicht, Curios! ich thue ihnens ja auch, wenn sie wollen, warum nicht? – – warum solle ich es ihnen nicht thun? – – Curios! warum nicht? – – ich wüste nicht warum nicht?[31]

Offenkundig wird mit dem unverdächtigen, zur Stellvertretung stets geneigten Wörtchen »thun« Mißbrauch getrieben. Die in Rede stehenden Gefälligkeiten dürften über die hinausgehen, die das Versenden von Noten erfordert. In einer durch ständige Wiederholung und minimale Progressionen bewegten monologischen Sequenz wird die Tätigkeit des »Thuns« um ihre bloß postalische Bedeutung gebracht. Ihr Doppelsinn wird außerdem durch den von beschleunigten Satz- und Fragefragmenten suggerierten Rhythmus bestätigt, der mit durchaus sexuellen Assoziationen behaftet ist. Da aber das leere Wörtchen »thun« im Hause Mozart Verbindungen noch zu anderen leiblichen Geschäften unterhält, dürfte nicht einmal hier eine rein sexuelle Anspielung vorliegen. Die vexierende Verwechslung von »facere« und »caccare« scheint dem Vetter mindestens ebenso geläufig zu sein.[32] Wie so oft

31 Brief vom 5. 11. 1777; vorl. Ausg. S. 10.

32 Ein »Vexierlied«, das für den süddeutschen Raum der siebziger Jahre des 18. Jahrhunderts belegt ist, gründet auf derselben Verwechslung. Es

verwischen sich die Grenzen zwischen sexueller und fäkaler Bedeutung, büßen auch die zitierten Anspielungen ihre erotische Eindeutigkeit ein. In einem Brief an die Schwester zeigt sich das »Thun« als eine Tätigkeit, der auch Geschwister gemeinsam nachgehen.

> an H. von schidenhofen meine grausame empfehlung, tralaliera, tralaliera, und sage ihm, er sol den Repetiter menuet auf den Clavier spiellen lernen, damit er ihm nicht vergessen *thuet*, er soll bald dar zu *thuen*, damit er mir die freüd *thuet* machen, das ich ihm einmahl *thue* accompagnieren. an alle andre gutte freund und freündinen *thue* meine empfehlungen machen, und *thue* gesund leben, und *thue* nit sterben, damit du mir noch kanst einen brief *thuen*, und ich hernach dir noch einen *thuen*, und dan *thuen* wir immer so vort, bis wir was hinaus *thuen*, aber doch bin ich der, der will *thuen* bis es sich endlich nimmer *thuen* läst, inzwischen will ich thuen bleiben. Wolfgang Mozart[33]

So ergehen an das Nannerl und das Bäsle die gleichen verbalen Offerten, beide werden zu den gleichen »Thätigkeiten« aufgefordert. Sowohl in den Briefen an die Schwester als auch an das Bäsle changiert das Wörtchen »thun« zwischen Transitiv und Intransitiv, zwischen erotischen und analen Freuden, die sich auch innerhalb engster verwandtschaftlicher Bande nicht verbieten. Wieder einmal nutzt der Familiencode die Nähe der beiden Leibesregionen weidlich für

verfolgt das »Thun« durch die ganze hierarchische Ständepyramide der Feudalgesellschaft – mit der egalitären Absicht, am »Thun« die Unterschiede der Stände zunichte zu machen: »Der General thut mit ganzem Gwalt / Er thut so stark, das donert und knallt / Mit Bommen heraus schießen.« (Blümml, Hrsg., *Ältere Liedersammlung I. Die Liederhandschrift des Weingartner Mönchs P. Meingosus Gaelle*, S. 79.)

33 Brief an das Nannerl vom 19. 5. 1770 (184) aus Neapel in: Bauer/Deutsch, Bd. 1, S. 350. Den Hinweis verdanke ich: Emil Karl Blümml, *Aus Mozarts Freundes- und Familienkreis*, Leipzig 1923, S. 170.

seine virtuosen Wortspiele aus. Die vetterlichen »Thaten« sind also nicht allzu wörtlich zu nehmen.
Anders steht es jedoch mit jenem merkwürdigen Nomen, dessen schwierige Bedeutung auch die Korrespondenz mit der Schwester nicht erklärt. Es handelt sich um den rätselhaften »Spunicunifait«, der in den Briefen an das Bäsle dreimal aufgerufen wird – groß oder klein geschrieben, getrennt oder zusammen geschrieben – und dessen Klärung nach wie vor aussteht. Daß auch er in das weite Reich erotischer Anspielung gehört, steht außer Frage:

> haben sie den spuni cuni fait auch? – – – was? – – ob sie mich noch immer lieb haben – – das glaub ich! desto besser, besser desto! [...]
> möchten sie nicht bald wieder zum H: *Gold*-schmid gehen?
> aber was thun [!] dort! – – was? – – nichts! – – um den Spuni Cuni fait fragen halt, sonst weiter nichts. sonst nichts?[34]

> sagen sie mir doch, haben sie den spunicunifait noch? – das glaub ich.[35]

Lexikalische Bedeutung ist dem Wort nicht abzulauschen. Allenfalls, daß die orthographische Gestalt der Schlußsilbe eine französische Lesart erlaubt und sich »cuni« und »fait« zu einem freizügigen »qu'on y fait«[36] verbinden ließen, das auf Unerlaubtes durchaus anspielen mag. Andererseits dürfte die lateinische Bezeichnung für das weibliche Geschlechtsorgan, »cunus«, in die Wortbildung eingegangen sein.
Doch scheint es mit dem Spunicunifait nicht einfach zu sein. Weder weiß man, was er ist, noch wo er sich jeweils befindet.

34 Brief vom 5. 11. 1777; vorl. Ausg. S. 8 f.
35 Brief vom 28. 2. 1778; vorl. Ausg. S. 18.
36 Diesen Hinweis verdanke ich Herrn Peter Krämer, Germanistisches Institut der Universität Wien.

Ob das Bäsle ihn hat oder nicht, steht bis zuletzt dahin. Stete Erkundigung ist also gefordert. Denn nicht nur handelt es sich um einen Gegenstand, den die Cousine in irgendeiner Weise besitzen sollte, sondern auch um einen, den sie leicht verlieren könnte. Der Spunicunifait ist ein unverläßliches Silbengebilde. Sein Verlust könnte das Bäsle zu demselben rührenden Lamento veranlassen, das Barbarina aus der *Hochzeit des Figaro* dem Verlust einer Nadel widmet: »L'ho perduta ... me meschina! / Ah chi sa dove sara? / Non la trovo ...«

*

Doch was die Bäsle-Briefe auch vermelden, sie tun es mit jener euphorischen Albernheit, die stets unpersönlich ist.[37] Denn der Alberne, nach Immanuel Kant in »beständigem Faseln« befangen, umgeht programmatisch jene Sachen, Gefühle und Momente, an denen sich Persönlichkeit und Individualität gemeinhin bestimmen. In seinem »Affront gegen alles Geformte«[38] rebelliert er nicht nur gegen die Zwänge äußerer, sondern auch innerer Form. Dementsprechend geben auch Mozarts Briefe, wahre Zeugnisse der Albernheit, über Seelenregungen keine Auskunft – empfindsame Dokumente im Sinne der korrespondierenden Zeitgenossen liegen mit ihnen keinesfalls vor. Die Hanswurstrolle, die Mozart dem Bäsle gegenüber wählt, läßt den persönlichen Dingen keinen Raum. Sie kennt nur den Ort der Konvention als Zielpunkt der Attacke und den Ort des Leibes als anarchische Lust. Wann immer die »komische Person« zur Feder greift, garantiert »das Physische als Erscheinungsort von Komik die weitest mögliche Ausschaltung der Emotion«.[39] Jenseits von Individualität verausgabt sie sich in der kunstvollen Darstellung ihrer Obsessionen und vernachläs-

37 Mattenklott, »Albernheit«, in: Mattenklott, *Blindgänger*, S. 174.
38 Ebd., S. 171.
39 Vgl. Hinck, *Das deutsche Lustspiel des 17. und 18. Jahrhunderts und die italienische Komödie*, S. 41.

sigt den Ausdruck jener Gefühle, die sie anderen als sich selbst verbinden. Cousin und Cousine, Akteure brieflicher »Ollapatrida«, zelebrieren eine gemeinsame Kindlichkeit, deren liturgische Sprache sich an der physischen Gegenwart entzündet.